즐거운
영성생활

즐거운 영성 생활

2023년 3월 14일 교회 인가
2023년 5월 26일 초판 1쇄 펴냄

지은이 · 전달수
펴낸이 · 정순택
펴낸곳 · 가톨릭출판사
편집 겸 인쇄인 · 김대영
편집 · 이아람, 정주화
디자인 · 정진아
마케팅 · 임찬양

본사 · 서울특별시 중구 중림로 27
등록 · 1958. 1. 16. 제2-314호
전자우편 · edit@catholicbook.kr
전화 · 1544-1886(대표 번호)
지로번호 · 3000997

ISBN 978-89-321-1858-1 03230

값 16,000원

ⓒ 전달수, 2023

성경 · 전례문 · 교회 문헌 ⓒ 한국천주교중앙협의회, 2023

이 책은 저작권법에 의해 보호를 받는 저작물이므로 무단 전재와 무단 복제를 금합니다.

가톨릭의 모든 도서와 성물을 '가톨릭출판사 인터넷쇼핑몰'에서 만나 보실 수 있습니다.
http://www.catholicbook.kr | (02)6365-1888(구입 문의)

이 책을 두봉 레나도 주교님(출생: 1929년~, 한국 선교사: 1954년~현재)께 드립니다.

Reverendissio et excellentissimo Episcopo

René Dupont, M.E.P.

cum amore et pietate filiali

즐거운 영성 생활

전달수 지음

가톨릭출판사

들어가는 말

하느님과 함께하는
영성 생활로 나아가며

"하느님께서는 사랑이십니다."(1요한 4,16) 영성 생활은 사랑이신 하느님께 가까이 나아가는 생활입니다. 이러한 사랑은 사랑이신 하느님께서 우리를 먼저 사랑하신다는 성경의 가르침에서 시작됩니다. "우리가 사랑하는 것은 그분께서 먼저 우리를 사랑하셨기 때문입니다."(1요한 4,19) 달리 말한다면 영성 생활은 우리를 사랑하시는 하느님을 향한 진정한 사랑의 응답입니다. 그 응답은 기도에서 출발합니다. 기도 없는 영성 생활은 생각할 수 없습니다. 기도는 아니 계신 데 없이 곳곳에 계시는 하느님께 올리는 것이며, 그분과의 인격적 만남이기 때문입니다. 그래서 기도는 우리를 하느님의 자녀가 되게 하고, 친구가 되게 합니다.

잠에서 깨어나면서 "성부와 성자와 성령의 이름으로. 아멘." 하는 성호경을 그으면서 하느님을 부르고 새날을 주신 그분께 감사드리며 하루를 봉헌하는 이는 충실한 신앙인입니다. 바쁜 일상 속에서도 자신의 마음을 주님께 드리는 신앙인은 복됩니다. 방에서나 부엌에서나, 사무실에서나 운전할 때나, 커피숍이나 전방의 진지에서도 마찬가지입니다. 이처럼 아니 계신 데 없이 곳곳에 계시는 주님께 마음을 드리는 이는 복됩니다. 미사성제로 주님께 예배드리고, 주님의 말씀이 기록된 성경을 읽으며 묵상하고, 시간경을 바치며 감실을 찾아가 성체 조배를 하고, 예수님과 성모님의 지상 생애를 묵상하는 묵주 기도를 바치며, 정기적으로 고해성사를 보는 이들. 이런 이들은 모두 하느님께 충성과 효성을 다하는 신앙인입니다. 일과가 끝난 후 잠자리에 들기 전 하루를 반성하고, 잘못된 행동에는 용서를 청하며 하루를 무사히 보낼 수 있게 도와주신 주님께 감사드리는 신앙인들은 충실한 이들입니다.

예수님께서는 제자들에게 기도를 주셨습니다. 그분은 기도에 대하여 강의를 하신 것이 아닙니다. 단지 이렇게 기도하라고 알려 주셨을 뿐입니다. 바로 그 기도가 '주님의 기도'입니다. 2천여 년간 많은 이들이 주님의 기도를 해설하고 이 기도의 의미를 시대와 환경에 맞게 설교해 왔습니다. 그중 아프리카의 치프리아노 성인과 브라질의 해방 신학자 레오나르도 보프 신부도 있습니다. 아우구스티노 성인의 기도 체험과 가르침도 대단히 훌륭합니다.

  이 책에서는 아우구스티노 성인의 가르침을 몇 군데 소개하고, 기도하는 이들의 생생한 체험, 그리고 필자가 여러 곳에서 행한 강연들과 글을 정리하였습니다. 이런 기회를 주신 주님께 찬미와 영광을 드립니다.

2022년 12월 대림 시기에

저자 전달수(안또니오) 신부

차례

들어가는 말 7

1. 영성 생활이란 무엇인가　　　　　　　　　13
2. 영성이라는 용어에 관해서　　　　　　　　19
3. 영은 어떻게 작용하는가　　　　　　　　　21
4. 교회 안의 다양한 영성　　　　　　　　　　46
5. 영성 생활 시작하기　　　　　　　　　　　54
6. 위대한 성인들의 영성　　　　　　　　　　69
7. 기도의 중요성　　　　　　　　　　　　　　92
8. 예수님께서는 기도를 주셨다　　　　　　　95

9. 예수님께서 가르쳐 주신 기도, '주님의 기도' 103
　1) 하늘에 계신 우리 아버지 104
　2) 아버지의 이름이 거룩히 빛나소서 113
　3) 아버지의 나라가 오소서 118
　4) 아버지의 뜻이 어디에서나 이루어지소서 124
　5) 살아가게 하소서 129
　6) 용서하게 하소서 156
　7) 유혹을 이기게 하소서 172
　8) 악에서 구하소서 208
　9) 주님께 청합니다 212
　10) 응답하지 않으시는 주님 215

10. 예수 기도 220
11. 하나 되는 기도 227

　나오는 말 234

1

영성 생활이란 무엇인가

제2차 바티칸 공의회를 전후하여 교회 안에서 '영성靈性'이란 말이 널리 사용되고 있다. 신심 활동 및 단체 모임이나 봉사 활동 중에 '영성'이란 말을 자주 쓰는 이들도 있다. 그래서 그런지 "그 사람은 영성이 없어." 또는 "그 사람은 영성이 뛰어나지."라는 표현을 서슴없이 하기도 한다.

영성은 일반적으로 인간의 행위를 유발하는 영적인 특성으로서 종교적이거나 윤리적인 가치를 총칭하며 신령스럽게 총명한 품성 또는 성질을 말한다. 그러므로 고등 종교(유다교, 이슬람교, 힌두교, 불교 등)에서도 영성이라는 용어를 사용한다. 또한 영성을 학문적으로 연구할 뿐 아니라 이를 바탕으로 수행 생활修行生活을 한다. 영성에 관심을 가지고 그 흐름을 살펴보면, '영성'이라는 단어는 과거에도 있었으나 제2차 바티칸 공의회를 전후하며 새롭게 등장한 것으로 생각된다. 신학 연구에 있어서도 성서 신학, 사목 신학, 선교 신학과 더불어 영성 신학에 대한 관심이 고조되어 온 것만은 사실이다. 그 이유는 사람들이 제도나 규범보다는 삶을 더 중시하며, 하느님을 앞세우는 교회의 구성원들이 그분께서 원하시는 이상적인 삶을 갈구하고 있기 때문이라고 여겨진다.

그리스도교 영성은 단적으로 말해서 성령의 인도를 받아 성인 聖人이 되는 그리스도인의 삶을 말한다. 이는 그리스도 안에서 드러난 하느님의 말씀에 인간이 진지하게 응답하는 행위이며, 그리스도 신비체 안에서 하느님과 이웃을 사랑하며 봉사하는 것에서 드러난 다敬天愛人. 그러므로 그리스도인의 영성은 하느님의 말씀과 교회의 가르침을 신앙 안에서 받아들일 때 시작된다고 할 수 있다. 영성은 삶으로서 드러나며, 이는 기도와 활동으로서 하느님의 사랑을 드러내고 성장시켜 나가면서 구체화된다. 이는 계시에서 나온 신학의 내용들을 사랑으로 받아들이고 실천하는 가운데에 이루어진다. 그리스도인은 영성을 통해 하느님 중심적이며 길이요 진리요 생명이신 그리스도의 신비 안에 참여함으로써 성삼의 삶으로 인도되는 것이다. "하늘의 너희 아버지께서 완전하신 것처럼 너희도 완전한 사람이 되어야 한다."(마태 5,48)라고 말씀하신 예수님의 산상 설교의 가르침에 따라 성령의 인도를 받아 완덕完德에 이르는 삶을 사는 것이 영성의 목표이다. 단적으로 이는 "거룩한 사람이 되는 것"(1테살 4,3)이다.

그러므로 영성 생활을 한다고 하면 그리스도인으로서 각자에게 맞는 생활을 깊이 있게 사는 것을 말한다. 이는 평범한 신앙생활과는 다소 거리가 있다고 하겠다. 영성 생활을 굳이 우리말로 표현한다면 '그리스도인다운 생활'을 하는 것이라고 말하고 싶다. 우리말에 '답다'라는 표현은 어휘가 지니는 성질이나 특성이 있다는 뜻으로서 문법적으로는 형용사를 이루는 접미사이다. 예를 들면, '군인답다', '남자답다', '신자답다', '사제답다', '수도자답다'라고 할 때에 군인, 남자, 신자, 사제, 수도자의 성질이나 특성이 보인다는 뜻이다. 그리스도인다운 생활은 성령의 인도를 받아 평신도는 평신도답게 살고, 수도자는 수도자답게 살며, 사제는 사제답게 사는 것이라고 말하고 싶다.

인간은 불완전한 존재이며 나약하다. 그래서 자신을 추스르는 삶을 살고자 노력하지 않으면 누구든지 이상적으로 살지 못하고 본능에 쉽게 떨어지고 만다. 이는 각자의 경험을 보면 잘 알 수 있다. '다운 생활'을 한다는 것은 각자의 역할에 맞게 합당한 삶을 살고자 노력하는 것을 말한다. 이러한 삶은 인간의 노력으로 어느 정도 이루어진다. 하지만 이것만으로는 불가능하므로 성령의 도우심이 절대적으로 필요하다. 바로 이때 필요한 것이 영성 생활이다. 그러므로 그리스도인으로서 적당히 사는 걸 '영성 생활'이라고 하지 않는다. 이런 의미에서 볼 때, 일반적인 신앙생활과 영성 생활을 구분해도 좋을 것이다.

예를 들어 보자. 어떤 평신도가 피정이나 성령 세미나에서 총고백을 했다거나, 자신의 삶을 성찰하며 판공성사를 보았다고 하자. 그런 뒤에 신앙생활을 착실하고 깊이 있게 하고자 했다. 그래서 하루 시간표를 만들어 직장 생활과 집안일 외에 기도 생활, 예를 들면 아침저녁마다 시간경(일명 성무일도)으로 바치고 평일 미사와 성체 조배, 성경 읽기 등을 매일 꾸준히 해 나갔다. 또한 정기적으로 고해성사를 함으로서 자신의 잘못을 고쳐 나가고자 힘썼다. 이런 삶을 사는 것을 그리스도인다운 신앙생활, 즉 영성 생활을 한다고 말할 수 있겠다. 이런 면에서 영성 생활은 '수덕修德 생활'과 동의어로 이해되어 왔다.

내가 미국에서 만난 한 자매의 영성 생활을 소개해 보고 싶다. 그는 매일 미사에 참례하였다. 15분 이상 성체 조배도 하며, 집에서는 시간경으로 아침·저녁 기도를 바치고 성경 읽기와 묵주 기도도 열심히 바쳤다. 그리고 아침 미사를 드리고 아이들을 학교까지 데려다 준다. 그런 뒤 직장에 나가 오후 3시까지 근무하고, 퇴근하면서는 성당에 들려 성체 조배를 한다. 집에 가서는 성경을 읽거나 쓰고 묵주 기도를 바치며, 시간경도 바친다. 이처럼 직장 생활을 하면서도 성실하게 신앙생활을 해 나가는 그 자매의 모습을 보면서 감탄할 때가 많았다. 어떤 때는 직장 내에서 모임이 있을 수도 있고, 그 밖의 사교 활동이나, 아니면 아이들의 학교일이나 가사 일로 바쁠 때도 있을 것이다. 그러나 아무리 바쁜 날이라도 시간을 적절히 쪼개어 기도 생활을 우선적으로 해 나가고 있었다. 그러니 이분이 하느님을 중심으로 살아가는 신자라고 말하지 않을 수 없다. 이런 삶이 깊이 있는 신앙생활, 즉 영성 생활이 아니겠는가? '다운 생활'은 한마디로 그리스도의 향기를 풍기는 삶으로 드러난다. 뒤에서 '맛'에 대하여 논할 때도 '다운 생활'을 언급하겠지만 여기서는 '다움'을 향기와 같다고 좋을 것이다.

한때 '한국 교회에는 신심은 있지만, 영성이 없다.'는 말이 있었다. 열심히 활동하고 활기가 넘치지만 뭔가 부족한 것처럼 보이는데, 그것이 바로 영성이 부족하다는 의미가 아닐까? 커피 애호가들 중에서도 특히 이탈리아의 카푸치노를 즐기는 이들은 그 향기를 잘 안다. 그윽하게 풍겨 오는 커피 향기 때문에 길거리를 지나가

다가도 카페가 보이면 들어가고 싶은 충동이 일어나게 된다. 신앙생활도 비슷하다. 그리스도인으로서 신앙인다운 향기를 풍기는 이가 있다면 그 사람에게 끌려가기 마련이다. 바로 이것이 영성을 풍기는 '삶의 향기'일 것이다. 그러면 영성이란 무엇인가에 관해 계속 이야기해 보도록 하겠다.

2

영성이라는 용어에 관해서

교회 용어들이 거의 다 그러하지만, 영성이란 용어도 라틴어의 '스피리탈리타스spiritualitas'를 우리말로 번역한 것이다. 물론 우리말에도 우리 민족의 특성을 언급할 때 영성이라는 말을 사용하곤 했다. 하지만 여기서는 교회 안에서 보는 영성을 살펴보고자 하는 것이므로 이와 관련된 이야기를 하도록 하겠다.

성서적으로 볼 때 영성에 대해서는 성 바오로 사도가 많이 언급했다. 바오로의 신학에 따르면 영(pneuma, spiritus)은 육체(肉體, sarx, caro)와 반대된다. 육체적인 생활이나 본능적인 생활, 더 나아가서 동물적인 생활은 영적인 삶과 반대된다(갈라 3,3; 5,13.16-25; 1코린 3,1-3; 로마 7,8-14; 1코린 2,14-15 참조). 성경에서 제시된 용어를 우리말로 '영성靈性'

이라고 번역한다. 영靈은 무巫와 입구口 그리고 비雨자가 합성된 말이다. 그리고 무巫에서 일一은 땅을 의미하며, 가운데 내려 그은 작대기(1)는 하늘과 땅을 하나로 연결시키는 상징적 표시이다. 또한 사람人은 사람이 팔을 벌리고 있거나 춤을 추고 있는 모습이다. 무巫 위에 입구口자가 셋이나 있어 축원祝願을 드려도 한 번만 드리는 것이 아니라 여러 번, 그러니까 열심히 드리는 것을 알 수 있다.

지성至誠이면 감천感天이라, 하늘도 성심껏 비는 사람의 간청을 들어 주어 비를 내린다. 물은 모든 생명체에 필수적인 물질이다. 그래서 특히 비를 애타게 기다리는 농부들은 하늘에 축원을 드리고, 비가 내리게 되면 매우 기뻐한다. 이때의 영을 신령神靈하고, 신통神通하고, 불가사의하고, 또는 좋은 영이라고 한다. 이러한 것은 우리 민족에게도 익숙한 개념이다. 백두산이나 단군왕검이 참성단을 짓고 제천 의식을 행한 곳이라 알려진 강화도의 마니산을 '민족의 영산靈山'이라고 하는 것을 보아도 알 수 있다. 또 어떤 사물이나 대상이 신령하다거나 신통하다는 말은 모두 인간의 능력과 한계를 넘어서는 무언가를 의미한다. 그래서 위대한 인물이 영산의 정기를 받아 태어났다거나, 인간의 정상적인 힘을 초월하는 어떤 현상을 볼 때 신령하다든지 신통하다고 하는 이유가 모두 여기에 있다.

3

영은 어떻게 작용하는가

인간은 영육으로 되어 있다. 이때 '영'(spiritus, 목, 숨, 목숨)은 생명을 의미한다. 히브리인들은 인간을 영육으로 보지 않고 단일체로 보며, 신체의 부분을 가지고 전체로 보거나 인칭 대명사로도 쓰기도 한다. 영은 생명을 지닌 인간으로 번역되기도 한다. 그리스어와 라틴어로는 '프네우마pneuma', '프쉬케psyche', '아니마anima'이다. '육신basar'은 육적인 인간 혹은 살덩이로서의 인간을 뜻하며, 그리스어와 라틴어로는 '사룩스sarx', '코르푸스corpus'이다. 여기에 창조력과 생명력을 주는 '루아흐ruach'가 들어가면 생기가 돈다. 그래서 우리 교회는 옛날부터 성령을 '창조주 주님Creator Spiritus'이라고 불렀다. 인간에게 생명을 주어 살게 하시기 때문이다.

야훼의 기운은 천지가 조성되기 전에 어둠 위를 거닐고 계셨다. 이 '루아흐'를 영으로 번역하는데, 이원론적인 의미(초감각적, 비물질적)가 아니라 그 정확한 뜻은 창조력과 생명력의 근원이라는 의미이다. 성경에는 바람, 숨결, 폭풍, 태풍 등으로 표현된다. 구약 성경에서 드러난 루아흐의 예는 다음과 같다.

1) 하느님께서는 에제키엘을 계곡으로 끌고 나가 하나의 환상, 즉 메마른 뼈들이 부활하는 장면을 보여 주셨다(에제 37,1 참조). 말라빠진 뼈들도 야훼의 숨을 받으면 살아난다는 환시는 원래 이스라엘의 회복을 예견한 것이지만 그 숨은 곧 인간 생명의 근원임을 암시하는 말이다. 하느님께서 흙의 먼지로 빚어낸 사람에게 코에 숨을 불어넣으시니 정상적인 사람이 되었다는 표현과 동일하다(창세 2,7 참조).

2) 예언자 다니엘은 영의 인도를 받아(다니 13,45 참조), 사형장으로 끌려가던 여인 수산나를 구출하였다. 이때의 영은 선과 악을 식별하여 하느님의 공의하심을 드러내었다.

3) 대사제 사무엘이 다윗에게 기름을 부어 축성하니 "주님의 영

이 다윗에게 들이닥쳐 그날부터 줄곧 그에게 머물렀다."(1사무 16,13)

신약 성경에서는 영을 물, 불, 능력 등으로 소개한다.

1) 물: "목마른 사람은 다 나에게 와서 마셔라. 나를 믿는 사람은 성경 말씀대로 '그 속에서부터 생수의 강들이 흘러나올 것이다.' 이는 당신을 믿는 이들이 받게 될 성령을 가리켜 하신 말씀이었다." (요한 7,37-39)

이스라엘에는 물이 귀하였다. 그래서 지도자는 백성을 위하여 물을 충분히 공급해야 했다. 유다의 히즈키야 왕이 바위 속을 뚫어 수로로 완성시킨 예루살렘의 터널은 장장 533미터에 달했다(2열왕 20,20 참조). 예루살렘의 1년 강우량은 700밀리미터밖에 되지 않기에 터널을 뚫어 물을 저장하는 저수 동굴을 고안한 것이다. 팔레스티나 지방에는 바위가 많다. 그들은 지하 바위에 동굴을 파서 지붕과 마당이나 거리에 흐르는 빗물을 받아 저장했다. 바위가 갈라져 물이 새는 곳이 있을 수도 있기 때문에 모르타르로 덧칠을 하기도 했다. 이렇게 고여 있는 물은 썩은 물이다. 그래도 물이 워낙 귀하기 때문에 저수 동굴에서 물을 길어 마시는 것을 평화와 번영의 상징으로 여겼다(2열왕 18,31 참조). 그러므로 썩지 않는 물이나 생수는 이스라엘인들이 너무나도 좋아하고 바라던 것이다. 강물처럼 흘러 나오는 물이 바로 성령이라는 표현은 그들에게 생기를 주는 감동적인 표현임엔 틀림없다. 물은 만물을 살리지 않는가? 인간의 몸은 70퍼센트 이상이 물로 이루어져 있기에, 물이 없으면 죽는다. 이처럼 성령의 인도를 받으면 그리스도인으로서 살아 움직이게 된다.

성령께서는 사막에서 만난 오아시스와 같이 만물을 살리는 생명수이시다. 성령의 인도를 받지 않는 그리스도인은 마음이 메말랐기에 살아도 올바로 사는 것이 아니다. 예를 들어, 교회 안에서 높은 지위에 있는 사람이나 신학자라 하더라도 영의 인도를 따라 살지 않는다면 삶이 메말라 딱딱할 수밖에 없다. 그렇지만 평신도가 영의 인도를 따라 살아간다면 이를 영성적이라고 할 수 있다. 공기가 다 빠져 버린 고무풍선은 장난감이 될 수 없다. 그러나 납작해진 고무풍선에 공기를 불어 넣어 주면 좋은 장난감이 된다. 이처럼 메마르고 딱딱한 사람이라도 영을 받아 그분의 인도에 따라 살아가면 생기 넘치는 삶을 살고, 그리스도인다운 사명을 실천하게 된다. 우리는 이런 삶을 영성적이라고 할 수 있다.

2) 불: 성령께서는 사도행전 2장 3절 이하에서 "불꽃 모양의 혀들이 나타나 갈라지면서 각 사람 위에 내려앉았다."는 표현처럼 불

로 드러나신다. 그 자리에 있던 사람들은 "모두 성령으로 가득 차, 성령께서 표현의 능력을 주시는 대로 다른 언어들로 말하기 시작하였다."(사도 2,4) 그러므로 성령께서는 불로 상징된다. 불은 사랑이며 번영이다.

3) 능력: 예수님께서는 제자들을 선택하셨다. 첫 번째 제자들인 베드로와 안드레아, 야고보와 요한을 시작으로 가까이는 열둘, 넓게는 일흔두 명의 제자들을 뽑으셨다. 그들은 약 3년간 스승과 함께 지내면서 많은 것을 보고 배웠다. 또한 날이 갈수록 스승의 인격과 활동에 감탄했다. 그분이 하신 기적과 권위 있는 말씀은 제자들의 감탄과 탄복을 자아내기에 충분했다.

그들은 스승에 대해서 확고한 믿음을 갖고 있었다. '스승님께서 바로 오시기로 된 바로 그분이시다. 메시아! 우리를 로마인들의 압제에서 해방시킬 바로 그분이시다. 구약의 많은 예언자들에 의해 예언된 바로 그분을 내가 스승으로 모시고 있다니!'

그리고 이렇게 생각한다. '스승님께서 예루살렘으로 올라가신단다. 압제자 로마인들을 몰아내실 때가 온 것이다. 우리도 함께 올라가자. 성도 예루살렘으로 함께 올라가자. 스승님과 함께 로마인들을 몰아내자. 사람의 아들은 반드시 많은 고난을 겪고 원로들과 수

석 사제들과 율법 학자들에게 배척을 받아 죽임을 당할 거라는(루카 9,22 참조) 말씀이 도대체 무슨 뜻일까? 사람의 아들은 다니엘 예언서에 나오는 바로 그분, 우리의 스승님이 아니신가? 앉은뱅이를 일어서게 하셨고, 절름발이를 걷게 하셨으며, 눈먼 이들은 보게 하셨고, 나병 환자들을 깨끗하게 하셨으며, 죽은 사람들도 살리신 분이 아니신가? 더구나 기적을 통해 굶주린 이들을 배불리 먹이신 분이 아니신가? 율법 학자들과 바리사이들을 말로써 제압하지 않으셨던가? 그런데 돌아가신다니 도대체 말이나 되는가? 아니다, 가서 말려야 한다.'

도저히 이해가 안 된 베드로가 예수님을 "꼭 붙들고 반박하기 시작하였다."(마태 16,22; 마르 8,32) 그러자 예수님께서는 이렇게 말씀하셨다. "사탄아, 내게서 물러가라. 너는 나에게 걸림돌이다. 너는 하느님의 일을 생각하지 않고 사람의 일만 생각하는구나."(마태 16,23)

'도대체 하느님의 일이란 무엇인가? 우리는 로마인들을 물리쳐야 한다. 이것만이 우리 민족의 살 길이다. 그리고 백성을 굶주림과 핍박에서 해방시켜야 한다. 우리의 스승은 능히 그렇게 하실 수 있는 분이다. 그런데 그들에게 붙들려 돌아가신다니!' 그들은 도저히 이해할 수 없었다.

엿새가 지난 후, 제자들은 예수님의 인도로 높은 산에 올랐다.

예수님께서는 베드로와 야고보와 요한만을 따로 데리고 높은 산에 오르셨다. 그리고 당신의 모습을 영광스러운 모습으로 변화시키셨다. 이 세상의 어떤 마전장이도 할 수 없는 하얀 모습으로 변화하신 것이다. 그분께서는 하늘의 태양보다도 더 눈부시게 빛나셨다. 그리고 구름 속에서는 이러한 말씀이 들려 왔다. "이는 내가 사랑하는 아들이니 너희는 그의 말을 들어라."(마르 9,7)

그들은 이런 분께서 돌아가신다니 믿을 수 없다고 불안에 떨었으나 기다리기로 했다. 하지만 베드로는 스승의 말씀을 인정할 수 없었다. 그리고 그분께서 생각을 바꾸시리라는 희망을 가지고 있었다. '스승님께서 예루살렘에 올라가시면 로마인들을 모두 몰아내고 권좌에 앉으시겠지? 그러면 나는 어떤 자리에 앉을까? 내가 제일 먼저 불렸으니, 그리고 나에게 모든 권한을 주시지 않을까? 그리고 나는 스승님 바로 밑에서 큰 자리를 차지하리라.'

"너희는 길에서 무슨 일로 논쟁하였느냐?"(마르 9,33) 그들은 잠잠했다. 누가 더 높은지 논쟁을 했기 때문이다. 제자들의 동상이몽은 계속되었다. 베드로가 좋아한 것은 주님의 거룩한 변모 같은 영광스러운 일(마르 9,2-8 참조)과 백 배의 상(마르 10,28-31 참조)이었으며, 스승의 수난 예고 같은 것은 묻기조차 싫어하였다.

예수님께서는 예루살렘에 올라가 권위 있게 사람들을 가르치시고 병자들을 고쳐 주셨다. 그러나 자신께서 미리 예언하신 대로 붙들려 가셨다. 그래서 예수님을 따라 끝까지 따라가 보았더니, 매를 맞으시고 모욕을 당하고 계셨다. 그러자 베드로는 이렇게 생각하였다. '예수님의 제자라고 하면 여기서 죽고 말겠구나. 아니라고 해야지.'

"내가 진실로 너에게 말한다. 오늘 이 밤, 닭이 두 번 울기 전에 너는 세 번이나 나를 모른다고 할 것이다."(마르 14,30) 과연 그 예언이 이루어지는 순간이었다. 베드로는 순간 스승의 이 말씀이 생각나 슬피 울었다. 예수님께서 말씀하셨던 것처럼 그분께서는 십자가 형벌을 받고 죽음을 맞았다. 그러자 제자들은 모두 도망쳐 버리고 말했다. 예수님 곁에 남은 이들은 어머니 마리아와 사랑하는 제자였던 요한을 비롯한 몇몇 부인들뿐이었다. 베드로를 비롯한 다른 제자들은 모두 도망치고 말았다.

예수님께서 돌아가시고 주간 첫날이 되었다. 예수님을 따르던 여자들 중 마리아 막달레나가 무덤 앞에서 부활하신 예수님을 만났다고 전했다. 제자들은 꿈을 꾸는 것만 같았다. 그들은 무덤으로 달려가 보았다. 무덤으로 들어가자 예수님께서는 그곳에 계시지 않았다. 그리고 그분의 얼굴을 쌌던 수건은 아마포와 함께 놓여 있지 않고, 따로 한곳에 개켜져 있었다(요한 20,7 참조).

그날 다른 두 제자는 허탈한 상태로 정처 없이 길을 떠나 예루살렘에서 엠마오라는 마을로 무작정 걸어가고 있었다. 그들은 모든 희망을 잃고 자포자기했다. 그때 부활하신 예수님께서 나타나 함께 하시며, "모세와 모든 예언자로부터 시작하여 성경 전체에 걸쳐 당신에 관한 기록들을 그들에게 설명해 주셨다."(루카 24,27) 그들은 빵을 떼는 순간에 나그네가 스승님이심을 알아보았고, 예루살렘으로 달려가 동료들을 만났다. 모두들 돌아가신 예수님께서 부활하셨음에 기뻐했다. 하지만 아직까지 영을 받지 못했기에 이 부활 사건을 진정으로 깨닫지 못하고 있었다.

그 뒤에 예수님께서는 티베리아스 호숫가에서 다시 한번 자신을 드러내셨다. 베드로, 토마스, 나타나엘, 야고보와 요한, 그리고 다른 두 제자(요한 21,2 참조)들은 호숫가로 나갔다. 그러나 그날 밤까지 아무것도 잡지 못하였다. 그때 예수님께서 나타나 "그물을 배 오른쪽에 던져라. 그러면 고기가 잡힐 것이다."(요한 21,6)라고 말씀하셨다. 하지만 제자들은 그분이 예수님인지 알아보지 못했다. 아직 영을 받지 못하였기 때문이다.

예수님께서는 제자들에게 마지막 분부를 하셨다. "너희는 높은 데에서 오는 힘을 입을 때까지 예루살렘에 머물러 있어라."(루카 24,49) 바로 이 '힘dynamis'은 성령께서 주시는 선물이다. 그러나 제자들은 예수님께서 승천하시는 순간에도 이를 깨닫지 못하고 묻는다. "주님, 지금이 주님께서 이스라엘에 다시 나라를 일으키실 때입니까?"(사도 1,6) 그들의 소원은 결국 로마 제국의 압제로부터 해방되는 것이었을까? 그래서 예수님께서 지상의 메시아가 되시어, 과거 이스라엘이 누렸던 다윗과 솔로몬의 영화를 다시 누리길 꿈꾸었는지도 모른다. 예수님께서는 그런 제자들에게 이렇게 말씀하신다. "그 때와 시기는 아버지께서 당신의 권한으로 정하셨으니 너희가 알 바 아니다. 그러나 성령께서 너희에게 내리시면 너희는 힘을 받아, 예루살렘과 온 유다와 사마리아, 그리고 땅끝에 이르기까지 나의 증인이 될 것이다."(사도 1,7-8)

예수님께서는 제자들이 보는 앞에서 하늘로 오르셨다. 그 모습을 바라보고 있는 제자들에게 흰옷을 입은 두 사람이 서서 이렇게 이야기하였다. "갈릴래아 사람들아, 왜 하늘을 쳐다보며 서 있느냐? 너희를 떠나 승천하신 저 예수님께서는, 너희가 보는 앞에서 하늘로 올라가신 모습 그대로 다시 오실 것이다."(사도 1,11)

그들은 부활하신 주님을 온 세상에 전할 용기도 내지 못한 채, 예수님과 함께했던 위층 방으로 올라가 조용히 숨어 지냈다. 그리고 한마음으로 기도하며 간절히 청했다. 이는 마음속 깊은 곳에서 우러나는 기도이자 실존적인 기도였다. 이런 식으로 오순절이 지나고·나니 놀라운 일이 일어났다. 세찬 바람이 부는 소리가 나면서 불과 혀 모양의 성령께서 그들에게 임하신 것이다(사도 2,1-13 참조).

이후 사도행전을 읽어 보면 놀라운 일이 너무나도 많이 일어난다. 어부였던 베드로는 수많은 군중 앞에서 설교를 했다(사도 2,14-36 참조). 그는 대담한 기세로 대중을 사로잡았다. 도대체 그런 지혜와 지식과 대담함이 어디서 왔을까? 놀라운 일이 아닐 수 없다. 사도행전은 베드로가 오순절 설교를 한 바로 그날에 3천 명이나 세례를 받았다고 기록하고 있다. 그는 불구자들을 고쳐 주는 기적을 행했고, 최고 의회에서 목숨을 걸고 용감히 신앙을 전했으며, 하나니아스와 사피라의 거짓을 알아내기도 했다. 이러한 놀라운 힘은 위로부터 내려온 힘, 즉 '디나미스dynamis'가 놀라운 힘과 능력을 주었기에 가능했다. 그러기에 영을 받기 전과는 너무도 다른 사람이 된 것이다. 이것이 바로 성령의 역할이다.

이제까지의 이야기를 정리해 보면 영성 생활이란 하느님을 중심으로 사는 이가 성령의 인도를 받고, 보다 그리스도인다운 신앙생활을 하는 것을 말한다. 인간은 원죄의 결과로 악으로 기울어지는 경향을 쉽게 극복하기 어렵다. 하지만 영의 능력을 입으면 인간이라도 이를 극복하게 된다. 성 바오로 사도의 말처럼 영이 계신 곳에는 진정한 자유가 있기 때문이다(2코린 3,17 참조). 그 자유를 누리는 사람은 누구나 윤리적으로 부정한 행위, 곧 "불륜, 더러움, 방탕, 우상 숭배, 마술, 적개심, 분쟁, 시기, 격분, 이기심, 분열, 분파, 질투, 만취, 흥청대는 술판, 그 밖에 이와 비슷한 것들"(갈라 5,19-21)을 행하지 않는다. 오히려 "사랑, 기쁨, 평화, 인내, 호의, 선의, 성실, 온유, 절제"(갈라 5,22)를 행하게 된다. 또한 그 기운은 "생명을 주는 영"(1코린 15,45)이므로 그 영에 따라 사는 사람은 생명력을 상실하고 문자로 된 법조문에 집착하기보다는 오히려 법의 참정신을 따라 살게 된다. "문자는 사람을 죽이고 성령은 사람을 살립니다."(2코린 3,6)라는 말씀 그대로이다. 그리고 인간으로 하여금 진리와 오류를 식별하게 하여(1요한 4,6 참조) 성화의 길을 걷게 한다(에제 36,26 참조).

  이러한 영과 하나 되어 살아가는 그리스도인은 자신이 받은 은사를 공동체의 유익을 위하여 사용하며 희생과 봉사의 삶을 산다(1코린 12장 참조). 그리고 주님의 성전이 되어(1코린 3,16; 6,19 참조) 주님과 하나 된 삶을 살 수 있다(1코린 6,17 참조). 이는 마치 태아가 어머니로부터 끊임없이 영양분을 공급받고 있는 것과 같다. 영과 하나 되어 사는 이도 끊임없이 그 생명을 받아 활기찬 삶을 살 수 있는 것이다. 이러한 삶을 살 때 우리는 그리스도 예수님을 통해 살게 되고(1요한 4,9 참조), 그분의 도움을 받아 더욱더 풍성해질 수 있다(요한 10,10 참조). 그리고 하느님을 "아빠, 아버지"(로마 8,15; 갈라 4,6)라고 부르며 그분의 자녀다운 삶을 살게 된다. 뿐만 아니라 길이요 진리요 생명이신 예수님을 스승으로 모시고, 그 삶을 본받는 수덕 생활에 정진할 수 있다.

영은 삼위일체이신 하느님의 세 번째 위격인 성령이시므로 성화의 원동력이시다. 수행 생활에 정진하는 그리스도인은 자신의 노력과 더불어 성령의 도움을 받아 그리스도의 향기(2코린 2,15 이하)를 풍기며, 성덕의 열매를 맺어 하느님께 참다운 예배를 드리게 된다. 이런 영혼은 영적인 사람으로 살게 된다. 그리고 "이제는 내가 사는 것이 아니라 그리스도께서 내 안에 사시는 것입니다."(갈라 2,20)라고 자신 있게 고백한 성 바오로 사도의 말을 깨달아 스승님이신 그리스도께 온전히 사로잡히게 된다.

나는 언제부터인가 향기나 냄새에 대해 좀 관심을 갖게 되었다. 아마도 외국 생활을 하면서 저절로 얻어진 결과 같다. 여러 국가에서 온 사람들과 살다 보니 다양한 일들을 겪게 되었다.

로마 유학 시절, 나는 옆방에 있던 아프리카인 신부와 가까이 지냈다. 짧은 유학 기간이었지만 인종과 문화가 다른 검은 대륙을 알고 싶었던 것이다. 하지만 그 신부의 몸에서 나는 냄새만은 대단히 참기 어려웠다. 기숙사에 함께 살던 아프리카 신부들 중 대부분은 특이한 체취가 있었다. 이러한 점 때문에 평일 공동 미사에 안 나오는 신부들도 많았다. 그때 깨달았던 것 중 하나가 인종마다 체취도 각각 다르다는 것이었다. 내가 그 신부의 방에 들어가려고 문을 두드리면 창문을 열고 세수하는 소리가 들린다. 한참 후에야 문을 열어 주는데, 그럼에도 특유의 냄새가 난다. 이러한 특유의 체취나 다소 예의가 부족한 외적인 면 때문에 사실 불편한 마음을 느낀 적도 있었다. 그러나 사제로서 우정을 나누다 보니 그들이 참으로 순수하다는 걸 알 수 있었다.

그런데 우리가 맛있게 먹는 김치와 된장 냄새가 외국인들에게는 지독한 악취처럼 느껴진다는 사실을 깨닫게 된 사건이 있다. 교황청립 로마 한인 신학원 기숙사 지하에는 부엌과 식당이 있는데, 순번을 정해서 각 나라에서 온 신부들끼리 모여 음식을 만들어 먹을 수 있었다. 그래서 한국 신부들끼리도 한 달에 한 번 정도 그 식당에서 밥을 지어 먹곤 했다. 한 신부는 신자들에게 김치와 된장을 얻어 와서 김치찌개와 된장국을 맛있게 끓이기도 하였다. 나중에 이 음식이 문제가 되었다. 더 정확히 말하면 '냄새' 때문이었다. 한국인 신부들끼리 저녁을 맛있게 먹었던 날이었다. 내가 방에 들어오자마자 옆방의 아프리카인 신부가 찾아와 말했다.

"한국인 신부님들 오늘 지하 식당에서 저녁 먹었죠?"

"네. 저녁 맛있게 먹었지요. 옛 노래도 부르며 오랜만에 즐거운 시간을 보냈어요."

"도대체 신부님들이 맛있게 먹었다는 그 음식이 뭐예요? 인분 냄새처럼 아주 지독하던데요. 우리끼리 산책을 하다가 그 냄새 때문에 자리를 얼른 피해 버렸어요."

우리가 맛있게 먹었던 김치찌개와 된장국 냄새가 악취처럼 느껴졌다니. 마치 머리를 한 대 얻어맞은 것 같았다. 이처럼 나라마다, 인종마다 각각 불쾌함을 느끼는 냄새가 다르다는 걸 느꼈다. 또 다른 예로, 스위스의 어느 마을을 방문했을 때에 마치 구두 뒤축에서 나는 것 같은 냄새를 맡은 적이 있다. 알고 보니 치즈 공장에서 내뿜는 냄새였다. 시골길을 걸어갈 때에도 특유의 냄새가 난다. 도시에서는 매캐한 자동차 매연 냄새 때문에 인상을 찌푸리게 된다. 그런가 하면 등산을 하거나 숲속을 산책할 때에는 신선한 공기를 달콤하게 느낄 수 있다. 또 바닷가 선창가에서는 비린내를 맡을 수 있다. 매일 조깅을 하는 사람들은 신발을 벗을 때 묻어나는 먼지와 함께 풍기는 땀내를 잘 알 것이다.

내가 어릴 때 만났던 외국인 신부에게서는 치즈나 버터 냄새가 나곤 했는데, 그 냄새가 썩 유쾌하게 느껴지지 않았다. 하지만 어쩌면 그분도 우리가 즐겨 먹는 된장과 김치 냄새 때문에 힘드셨을 수도 있겠다는 생각이 든다. 그럼에도 선교사로 파견되었다는 큰 사명감을 가지고 사셨던 그분들에게 고마움을 느낄 뿐이다.

우리나라 음식에 장아찌라는 것이 있다. 된장에 무를 오래 담가 두면 무 냄새도 된장 냄새도 아닌 장아찌 냄새가 난다. 그리스도의 향기를 풍긴다는 것도 이와 비슷하지 않을까? 예수 그리스도의 정신에 깊게 빠지면 빠질수록 그리스도의 냄새를 풍기지 않을까? 성 바오로 사도처럼 "내가 사는 것이 아니라 그리스도께서 내 안에 사시는 것입니다."(갈라 2,20)라고 자신 있게 말할 수 있다면 우리는 언제 어디서나 그리스도의 향기를 풍기면서 살아갈 수 있을 것이다.

다소 빗나가는 것 같지만 제자들의 삶에 작용하신 성령의 역사하심을 묵상하면서 '신앙 체험'을 강조하지 않을 수 없다. 인간은 생각하고 기억하며 판단하고 추론하는 이성적인 존재만이 아니라, 풍부한 감정을 지닌 감성적인 존재이다. 그러므로 영성 생활을 해 나갈 때, 언제나 조용히 기도하고 침묵하는 것이 반드시 좋은 것은 아니라고 본다. 침묵의 중요성을 강조하되 감정의 표현 또한 중요함을 역설하지 않을 수 없다. 주위를 살펴보면 성령 기도로서 변화된 삶을 사는 이들이 얼마나 많은지 잘 알 수 있다. 기도 체험은 우리 삶에 많은 영향을 준다. 이런 면에서 "나는 체험하기 위해서 믿는다Credo ut experiar."라고 한 베르나르도 성인의 말은 인간이 어떠한 존재인지를 정확하게 표현했다고 본다. 나는 여기서 감정적인 기도만을 강조하는 것은 아니다. 묵상이나 관상 기도의 중요성을 강조하되 염경 기도와 영의 인도를 따라 기도하는 여러 가지 방법들도 중요하다고 말하고 싶은 것이다.

기도 체험과 더불어 성령 기도에 관해 이야기해 보고 싶다. 어떤 사람들은 "소위 요란하고 시끄러운 '라라라' 기도를 하라는 말입니까?"라고 질문하기도 했다. 나는 이런 질문을 받을 때마다 꼭 그런 기도가 아니어도 된다고 이야기했다. 성령 기도를 꼭 하지 않아도 좋으나, 교회의 전통 기도인 '오소서 성령님'을 정성을 다해 하루에도 여러 번 바치면 영의 인도를 받게 될 것이다. 나는 개인적으로 이 기도를 매일 라틴어로 여러 번 바치곤 한다.

교회의 체제와 제도는 너무나 훌륭하다. 그러나 딱딱하게 느껴질 때도 많다. 딱딱한 제도에 윤활유를 공급하는 역할이 바로 성령이시다. 제도를 부드럽게, 그 안에서 일하는 사람들에게 생기를 불어넣으시는 분이 바로 성령이신 것이다. 성령의 인도를 받지 않는다면 교회가 제 기능을 제대로 하지 못할 것이다. 이런 면에서 성령의 역할을 강조하지 않을 수 없다. 성령께서 안 계신다면 교회의 제도가 어떻게 되었을까? 일찍이 아테나고라 대주교는 이렇게 말했다. "성령께서 안 계시면 하느님께서는 멀리 계시고, 그리스도는 과거에 머무시며, 교회는 단지 조직체에 불과하고 복음은 죽은 문자이며 교회의 선교는 선전이고 전례는 고풍에 불과하며 윤리적 행위는 노예적 행위에 불과하다."

인간의 삶에 있어서 맛은 대단히 중요하다. 맛이 없으면 삶이 무미건조하고 재미가 없다. 음식도 마찬가지로 맛이 없으면 먹지 않는다. 미국에서 사목할 때 일이다. 언젠가 한 순댓국집에 들르게 되었는데, 굉장히 맛있어서 기회가 오면 또 들려야겠다고 생각할 정도였다. 그래서 그 식당 주변에 갈 기회가 생기면 꼭 들러 순댓국 한 그릇을 사 먹곤 했다. 근처 식당에도 순댓국을 파는 곳이 있었지만 한산하였다. 하지만 내가 잘 가던 식당은 언제나 손님들로 북적대곤 했다. 누군가가 맛있는 식당을 찾을 때는 자동차가 많이 주차한 식당으로 가라고 했던 게 떠올랐다. 그 식당 주차장에는 늘 차가 가득하여 주차하기 힘들 정도였으니 사실이었다. 이처럼 맛은 중요하다. 먹지 않으면 살지 못하는 우리에게 같은 값이면 다홍치마라고 맛 좋은 음식이 낫지 않겠는가?

언젠가 기도 생활의 '맛'에 대해 말한 적이 있었다. '먹는 맛'이 있는 것처럼 기도에도 맛이 있다. 기도의 맛을 알게 되면 기도를 안 할 수가 없다. 물론 반드시 체험이 필요한 것은 아니다. 그렇지만 체험을 하게 되면 하느님과 성인들에게 대한 더욱 큰 신뢰가 생겨 열성을 다해 기도하게 된다. 묵주 기도를 5단 바치기도 어렵다고 말하는 이가 있는 반면, 20단 이상을 매일매일 바쳐도 즐겁다고 말하는 이들이 있다. 20단을 바치면 대개 1시간 정도 걸리는데 40단, 50단 이상 바치는 신자들도 많다. 묵주 기도를 바치며 성모님의 영성을 이해했기에 이에 맛을 느끼는 신자들이다. 더구나 프랑스의 브르타뉴 지방에서 시작된 성가를 부르면서 이 기도를 바치면 그 맛이 더하다고 말하는 이들도 있다. 특히 "아베, 아베, 아베 마리아"의 의미를 알고 난 후 성지에 갔더니, 외국에서도 이를 들으면 더욱 정감이 갔다는 이야기도 들은 바 있다.

성체 조배도 마찬가지이다. 한 신학생은 학교에서 매일 15분 정도 성체 조배를 하다가 그 맛을 좀 알게 되었는데, 방학 때 시간을 좀 더 내어 30분이나 1시간 정도 해 보니 참 좋았다고 했다. 그러면서 서품받은 뒤에는 성체 조배를 할 시간이 많이 주어질 것 같아서 기쁘다고 이야기했다. 성체 조배의 맛을 알게 된 것이다. 성체 조배가 좋아 매일 철야 기도를 하는 신자들도 진정 기도의 맛을 아는 이들이다.

한 신자가 성령 대회가 열린 성당에 들어갔더니 아름다운 향기가 코를 찌르더라고 했다. 장미 향기도 아니고, 백합향도 아닌 특별한 향기였는데 너무도 강렬하여 아찔할 정도라고 이야기했다. 모두 한마음으로 심령 기도를 하던 장소에서 하느님의 현존을 강렬하게 느낀 것이다.

어느 날 기도를 청하던 신자의 머리에 손을 얹고 간절히 기도를 했던 적이 있다. 그러자 그는 곧 진지하게 기도하기 시작했다. 나는 혼자 기도할 수 있도록 조심스럽게 방에서 나왔다. 한참 뒤에 방에서 나온 그의 얼굴에는 온갖 근심 걱정이 다 사라진 해맑은 얼굴이었다. 마치 거룩한 수도자를 보는 듯했다. 이런 이들과 대화를 나누어 보면 기도를 바치는 게 너무 좋아서 매일 하지 않을 수 없다고 한다. 늘 기도를 바치는 이들의 관점에서는 주일 미사를 지루하다고 하며 놀러 가는 사람들이 안타깝게 느껴질 것이다.

성경을 한 편의 소설이나 전기가 아니라 하느님께서 내게 말씀하시는 것으로 여기고, 혹은 인간에게 건네시는 사랑의 편지처럼 여겨 매일 열심히 읽는 신자들이 많다. 읽는 것을 넘어서 아예 성경을 쓰기도 한다. 성경 읽기에 대해서는 한때 우리나라의 대구에서 시작한 단순하면서도 특이한 모임이 있어 소개해 보고 싶다. 이 모임의 구성원들은 평리동 성당 옆에 있는 성령 회관에 일 년에 한 번씩 모여 4박 5일간 하루 종일 성경을 통독한다. 그리고 성경을 50분 정도 읽고, 10분 정도 휴식하는 것을 계속한다. 4박 5일 동안 식사, 미사 그리고 잠자는 시간을 제외하고는 이렇게 계속 성경을 통독하는 것이다. 그러면 나면 창세기부터 묵시록까지 모두 다 읽는다고 한다. 성서학자나 사제가 가서 강의를 하거나 지도하는 일도 없다. 자기들끼리 기도하면서 읽어 나간다. 읽다가 이해가 되지 않는 부분은 시간이 흐를수록 자연스럽게 이해가 되고, 또 영적인 치유가 이루어지는 느낌도 받는다고 한다.

본당에 있을 때의 일이다. 판공성사 때, 찰고를 대신하여 성경을 필사하도록 했다. 그리고 성사를 보기 전에 쓴 것을 제출하면 서명을 해 주었다. 할머니들도 삐뚤빼뚤한 글씨로 정성스럽게 성경을 필사하였다. 내가 "수고 많으셨습니다."라고 칭찬을 해 주었더니, 한 할머님이 이렇게 대답하였다.

"신부님, 성경을 필사해 보니 참 재미있어서 시간만 나면 씁니다. 새벽에 잠이 안 오면 일어나서 잠시 기도하고, 돋보기를 끼고 한 자 한 자 성경 말씀을 써 보니 재밌더라고요."

필사하신 성경은 버리지 말고 잘 보관하시라고 이야기했더니, 주님의 말씀이니 죽을 때 관 속에 넣어 가려고 한다는 분도 계셨다. 나는 그분에게 이렇게 대답해 주었다.

"관 속에 넣어 가지 마시고 자녀들에게 유산으로 남겨 놓으세요. 돌아가시기 전에 집이나 돈만 남길 것이 아니라 할머니가 정성 들여 쓰신 성경도 유산으로 남겨 주세요. 그리고 한마디 하십시오. '너희들도 하느님 늘 잘 섬겨라. 그래야 축복을 받는다.' 하고요."

할머니가 남긴 그 유산을 볼 때마다 아들이나 딸 또는 손자, 손녀들이 할머니의 신앙심을 생각하지 않겠는가? 돌아가신 할머니를 위해 기도하는 것은 물론이고, 그 놀라운 신앙심도 배울 수 있을 것이다.

가정 기도도 마찬가지이다. 가족이 한 밥상에 모여 밥만 먹는 것이 아니라, 기도도 함께하면 가정의 따뜻함과 사랑과 기쁨을 함께 나누게 될 것이다.

전례 영성을 잘 이해하는 신자는 매일 미사에 참여한다. 고백 기도와 자비송으로서 하느님 사랑을 느끼고 깨달으며, 말씀을 듣고 영적인 자양분을 얻는다. 또 예수님과 함께 하느님 아버지께 봉헌하고, 영성체를 통해 주님과 하나가 된다. 이처럼 미사 전례의 맛을 아는 이들은 매일 미사에 참여하곤 한다. 성당이 아무리 멀더라도 긴 시간을 운전하여 오고, 사정이 생겨 본당 미사에 참례하지 못하면 이웃 성당으로 간다. 이런 분들은 미사를 통한 기도의 맛을 아는 신자이다. 기도문도 그렇지만, 의미를 알고 행하니 미사 중에 노래하는 "알렐루야."와 "거룩하시도다."가 의미 있게 느껴진다고 한다.

요즈음은 사제와 수도자들이 바치는 시간경을 바치는 평신도들이 늘고 있어 교회에 희망이 되고 있다. 시간경은 교회의 공식 기도이자 하루를 성화시키는 기도이다. 아침 기도, 낮기도, 저녁 기도, 끝기도와 독서 기도를 시간에 맞춰 바치게 되면 하루를 성화시킬 수 있다. 의무가 아니라 사랑이신 하느님을 찬미하고 감사드리는 시편 읊기가 그렇게 좋을 수 없다고 하니 놀라운 일이다. 기도의 맛을 느끼니 아침, 저녁으로 이 기도를 바치지 않겠는가? 하느님의 현존 안에서 마음을 위로 드높이는 sursum cor 이들이라 아름답게 보인다.

일찍이 암브로시오 성인은 시편보다 마음을 더 기쁘게 하는 것이 없다고 하면서 다윗 임금이 읊었다는 시편을 인용하였다. "주님을 찬양하라, 노래도 좋을씨고. 하느님 노래하라, 찬미도 고울씨고."(《성무일도》 Ⅲ, 연중 제10주간 토요일, 347쪽) 성인은 감미로운 시편을 백성들에게 내리는 하느님의 축복이고, 하느님께 바치는 찬양이며, 신자들이 드리는 감사이고, 교회의 목소리, 신앙 고백, 참된 신심의 표현이라고 했다. 또한 시편은 행복에 넘치는 외침이고 환희의 소리이며 분노를 가라앉혀 주고 근심 걱정에서 해방시키며 슬픔을 몰아낸다고 했다. 그러므로 시편은 밤에는 우리를 지켜 주는 무기이며 낮에는 우리를 가르치는 교사라고 하였다(《성무일도》 Ⅲ, 연중 제10주간 토요일, 347쪽). 예수님께서도 제자들과 함께 시편을 읊으신 후 올리브산으로 가셨다는(마태 26,30 참조) 기록이 있다.

그런데 이렇게 기도의 맛을 느끼다가도 언제부터인가 맛이 사라지고 무미건조할 때가 있다. 이것도 하나의 체험이다. 아무리 기도를 해도 어느 날 갑자기 맛이 뚝 떨어지고 재미가 사라질 때가 있는 것이다. 기도서를 손에 들기도 싫고 성가를 불러도 맛이 떨어져 버린다. 그렇다고 기도를 안 하는 것은 아니다. 매일매일 기도를 드리지만, 기도 생활에 무미건조함이 일어나는 것이다.

이를 우리는 영적 어두움 또는 캄캄한 밤이라고도 한다. 이는 나쁜 것이거나 잘못된 것이 아니라, 영성 생활에 진보하려는 영혼에게 반드시 찾아오는 하나의 시련이다. 이에 관해서는 뒤에 가서 논하기로 하겠다. 위대한 영성 대가이자 성인이신 예수의 데레사 성녀도 수녀원에 입회한 지 수십 년이 지난 후에야 깊은 경지에 들어가 기도의 참맛을 알게 되었고, 어떤 수도자들은 37년이나 47년이 걸렸다고 한다. 그러니 일반인들이야 무미건조함을 더 많이 체험할 것이다. 하물며 봉쇄 수도원의 수도자도 그러했는데, 세속에 사는 일반인들이야 얼마나 많은 세월이 지나야 기도 생활의 참맛을 알 수 있겠는가!

4

교회 안의 다양한 영성

앞에서 그리스도교 영성 생활은 성령의 인도를 받아 어느 정도 깊이 있게 살아가는 그리스도인의 삶이라고 했다. 또 이를 우리말로 표현한다면 그리스도인으로서 '다운 생활'을 하는 것이다. 평신도다운 생활, 수도자다운 생활, 사제다운 생활이 그렇다. 이는 삶에서 드러나는데, 사실 '다운 생활'을 한다는 것이 결코 쉬운 일은 아니다. 그리스도인으로서 성인聖人이 되겠다는 일념으로 수행 생활을 하는 수도자들과 신심 깊은 신앙인들은 "행위는 존재를 따른다 Agere sequitur esse."는 철학적 명언을 성경의 가르침 안에서 이해한다. 그리고 "하늘의 너희 아버지께서 완전하신 것처럼 너희도 완전한 사람이 되어야 한다."(마태 5,48)는 말씀을 자신의 삶 안에서 이루고자 한다. 그러므로 우리는 감히 영성이란 고차원적인 용어를 사용하는 것이다. 이는 기도와 수행修行으로 이루어진다. 이 고차원적인 삶은 자신의 생활 신분을 통해 드러나고, 완덕의 모범이신 그리스도를 따라가는 영성 생활은 성령의 인도를 받아 다양한 삶의 모습으로 나타난다. 이는 성령께서 개개인에게 베푸시는 헤아릴 수 없이 풍요로운 은총의 결과이다(에페 3,8 참조).

성령의 은사는 다양하다. 직분과 활동은 다양해도 모든 사람 안에서 모든 활동을 일으키시는 분은 같은 하느님이시다(1코린 12,4-6 참조). 일찍이 토마스 아퀴나스 성인이 말한 것처럼 하느님께서 베푸시는 은총의 선물은 다양하기에 교회의 미美와 완덕은 여러 가지로 드러난다. 성 바오로 사도도 그리스도의 신비체 안에 있는 다양한 기능과 역할을 강조하며(로마 12,3-8 참조), 성령께서 베푸시는 다양한 선물들을 자신의 체험과 초대 교회의 활발한 체험을 근거로 인정한 바 있다(1코린 12장 참조). 은총의 작용은 개개인 안에서 다양하게 드러나고, 이러한 삶은 교회 역사 안에서 다양하고 독특하게 발전되어 왔다. 그리고 시대의 변천 과정에서 교회의 요구와 필요에 따라 각각 독특하고도 고유하게 발전하였다. 교회의 가르침에 충실하면서도 고유한 영성을 꽃피워 풍성한 열매를 맺었으니, 이는 오로지 성령께서 베푸신 풍성한 은총의 결과이다.

복음 삼덕을 바탕으로 교회로부터 공인된 수도 공동체들도 생활 방식에 있어서는 다소 차이가 있다. 관상을 중심으로 하는 수도회가 있는가 하면, 활동을 중시하여 각종 사도직에 종사하는 수도회도 있다. 활동 중에서도 주로 교육 사업에 종사하는 수도회가 있고, 병원이나 양로원, 고아원과 같은 복지 시설 등지에서 가난하고 소외된 이들을 돌보는 삶을 수도 소명으로 하는 수도회들도 있다. 그리고 현장에서 일하는 평수도자들과 가정과 직장을 가지고도 깊이 있는 영성 생활을 하는 평신도들도 있다.

이렇듯 교회 안에는 다양한 생활 신분에 따른 독특하고도 고유한 영성이 성장하고 발전되어 왔다. 그러기에 각각의 영성은 하느님 안에서 우열 없이 그 자체로 고귀하다. 개개인의 삶이 하느님 안에서 고귀한 것처럼 말이다. 영성 또한 다양성 안에서 일치하기에 이 또한 아름다운 것이다.

여기에 꽃동산이 하나 있다고 하자. 여러 가지 색색의 꽃들로 덮여 있는 동산은 오색찬란하여 아름답게 보인다. 그런데 단 하나의 꽃으로만 이루어진 동산은 아름답긴 하나 단조로워 덜 아름다울 것이다. 교회 안에서 성장하고 발전한 다양한 영성도 이와 비슷하다. 이러한 '다양성 안의 일치unitas in diversitate'는 성령 안에서 체험하는 개개인의 영성을 인정하면서도 신비체의 머리이신 그리스도를 중심으로 한 몸을 이룬다는 영성으로 보편 교회의 특성이다.

다양한 영성은 우열이 없다. 하느님께서는 '각자의 존재 양식 modus essendi'에 따라 다양한 선물을 주시기 때문이다. 그러므로 교회의 구성원들은 서로 격려하고 지도하면서 그리스도 안에 한 몸을 건설하도록 힘쓰는 것이 바람직한 일이다. 자기와 다른 영성 생활이나 생활양식을 비판하거나 비하하는 것은 올바른 태도가 아니다. 한때 교회 역사 안에서 수도회들끼리 서로 우열을 다툰 적도 있었다. 이런 경향이 신학 사조에서는 열띤 논쟁을 일으켜 선교 지역에서 서로 대립하는 양상으로 발전되기도 하였다. 이 영향은 오늘날까지도 교회 내부의 심각한 문제로 남아 있다.

교회 안에서 큰 영성 학파 내지 영성의 흐름을 주도하는 대부분의 단체는 수도회이다. 서방 수도회의 시조이자 서양 문화에 지대한 영향을 끼쳐 온 베네딕도 수도회는 원래 봉쇄 수도회였으나 시대의 요구에 따라 포교 활동에도 힘써 왔다. 그런가 하면 작은 형제회의 영성은 부유한 그리스도인들에게 자극을 주기도 하였다. 이처럼 관상 수도회는 활동을 중시하는 많은 그리스도인들에게 하느님

중심의 삶을 일깨워 주고 있다. 그 외에도 가르멜회, 프란치스코회, 도미니코회, 예수회 같은 수도회도 각각 고유한 수도회 영성을 키워 왔다. 근대 이후 교회의 쇄신과 선교의 목적으로 설립된 수많은 남녀 활동 수도회는 시대의 징표와 요구를 깨달은 열성적인 신앙인들의 영성에 근거한다. 로욜라의 이냐시오 성인, 프란치스코 살레시오 성인, 돈 보스코 성인의 영성도 참으로 훌륭하다.

그리고 두 차례의 세계 전쟁이 끝난 후 일어난 신심 운동들이 있다. 예를 들면, '보다 나은 세계를 위한 운동Movement for Better World', '포콜라레Focolare', '꾸르실료Cursillo', '메리지앤카운터Marriage Encounter' 등은 훌륭한 영성에 바탕을 둔 신심 운동이다. 특히 이 신심 운동들은 우리나라에서 대단한 열기로 신앙 부흥을 일으켜 신자들의 삶에 지대한 영향을 끼치고 있다. 이 밖에도 교회의 세속화를 우려해 전통 신심을 염두에 두고 설립된 단체인 '오푸스 데이Opus Dei'와 '네오까떼꾸메나도 길neo-catecumenado' 등도 일부 신앙인들에게 관심을 불러일으키고 있다.

수도회 외에도 시대의 요구에 따라 또는 그리스도교 전통이 깊은 나라들 안에서는 다소 특이한 영성이 있다. 중세 교회 영성, 근대 영성, 현대 영성이 있으며 프랑스 교회의 영성, 라인강을 중심으로 하는 독일 신비가들의 영성 그리고 동방 교회 영성이란 용어가 있다.

이처럼 다양하고도 영성은 교회를 풍부하게 해 왔다. 그런가 하면 '사막의 영성'이란 말처럼 각 시대와 민족, 지역 그리고 개인에 따라 성령께서 개개인에게 베푸시는 은총의 선물은 다양하다.

신학에서 사용하는 공식적인 용어 중에 '전례 영성'이란 말이 있다. 이는 교회의 공식적인 전례로서 개인의 영성을 키워 나가는 것을 의미한다. 이는 제2차 바티칸 공의회를 통하여 이미 강조된 영성이다. 공의회 문헌은 이에 관해 다음과 같이 가르치고 있다. "전례는 교회의 활동이 지향하는 정점이며, 동시에 거기에서 교회의 모든 힘이 흘러나오는 원천이다."(《거룩한 전례에 관한 헌장 — 거룩한 공의회》) 그러므로 전례로서 표현되는 모든 의식들은 그리스도교 신앙의 살아 있는 표현이다. 이를 통해 그리스도인들은 마음속의 염원들을 전례로서 표현하게 된다.

그리스도교 영성은 완덕의 모범이신 그리스도를 따라가지만 영성의 형태는 다양하게 드러난다. 영성이란 욕정이 아닌 영의 인도를 따라가는 삶이다(갈라 5,16-25; 로마 8,4-13 참조). 전례에 적극적이고 능동적으로 참여하면서, 육체의 욕망을 극복하고 영의 인도를 따라 살아갈 수 있는 것이다.

전례 영성은 우선적으로 객관적인 영성이다. 이는 교회의 공식적인 전례 행위에 참여할 때 드러나게 된다. 미사성제와 기타 성사 행위, 시간경 등에 참여하여 개인의 영성을 키워 나가는 것이다. 이 영성 생활은 일상의 생활 리듬과 함께 이루어지므로 꾸준한 인내와 책임을 요한다. 평신도로서 1년 내내 이렇게 살아간다는 것은 상당한 인내와 자기 극복이 필요하기에 이 자체가 수행이 된다. 이를 통해서 개인의 수덕 생활이 저절로 이루어진다. 다소 단조롭게 느껴지는 삶일 수도 있으나, 세상을 살면서도 규칙적이며 체계적으로 영성의 꽃을 피워 나갈 수 있다는 장점이 있다. 이런 삶을 살았던 대표적인 성인이 바로 아기 예수의 데레사 성녀의 부친 루이 마르탱 성인이다. 그는 부인을 잃고도, 딸 다섯을 수도자로 봉헌하며 자신의 여생을 온전히 바쳤다.

이처럼 전례 영성을 따라 살아가는 신자들이 교회의 삶을 풍요롭게 하고 있어 흐뭇하다. 이런 이들은 수도자들처럼 아침에 일어나서 시간경으로 아침 기도를 바친다. 그리고 바로 성당에서 아침 미사에 참례한다. 직장에서 일을 마치고 돌아오면서는 잠시 성당에서 성체 조배를 한다. 그리고 저녁 기도를 시간경으로 바치고, 잠자리에 들기 전에는 끝기도까지 바친다. 내가 아는 한 어르신은 늘 삼종 기도까지 철저히 바친다. 그분은 늘 삼종 기도 때마다 어릴 때 배운 대로 반드시 무릎을 꿇는데, 이런 모습은 주변 사람들에게도 큰 감동을 준다. 일상을 가톨릭 신앙 안에서 살아가는 신앙인이라 할 수 있다. 엄숙한 사순절, 기쁨의 부활 시기, 5월 성모 성월, 연중 시기, 대림 시기, 성인들의 축일 등을 지내면서 교회가 제공하는 은총의 수혜 방법과 그리스도의 신비체와 성인들의 통공 교리를 깨닫게 된다. 또한 정기적으로 고해성사를 보며 수행 생활에 최선을 다할 수 있다.

5

영성 생활 시작하기

앞에서 영성 생활이란 신앙인으로서 그리스도인다운 신앙생활을 하는 것이라고 했다. 아침, 저녁 기도 정도는 생각나면 하거나 주일 미사에만 겨우 나가는 신자를 두고 영성 생활을 한다고 하지 않는다. 영성 생활이란 그리스도인다운 신앙인의 삶이다. 여기에 대해서는 여러 측면에서 고찰할 수 있는데, 영성 생활은 우선 회개에서 시작된다. 이를 영성 신학에서는 '정화의 길via purgativa'이라고 한다. 이상적으로 정화의 길은 끊고 죽이고 비우는 삶으로서, '조명의 길via illuminativa'을 거쳐 '일치의 길via unitiva'로 나아가게 된다. 수덕에 정진하려는 굳은 의지와 노력으로 수행에 힘쓸 때, 하느님께서 주시는 은총의 도움을 받아 영적으로 열려 있는 삶을 살 수 있는 것이다. 또한 이 세상에서도 최고로 높은 단계인 신비 체험도 맛보게 된다. 여러 성인들, 특히 예수의 데레사 성녀는 주님과 일치된 삶을 체험한 결과를 《영혼의 성》에서 상세히 표현하였다. 이는 지상에서 체험하는 최고의 신비 단계로서 완전한 일치의 길에 들어섰다고 볼 수 있다. 이런 의미에서 영성 생활을 '신심 생활', '그리스도인 완덕의 생활', '수행 생활', '내적 생활', '신비적 삶' 등으로 표현하는 것이다.

성경에서 말하는 '회개metanoia'란 전적으로 하느님께 향하는 근본적인 마음의 전향이다. 이는 악의 길에서 주님의 길로 발길을 돌리는 것이다. 요한 세례자가 광야에서 사람들에게 외친 것도 이런 의미의 회개이다. "도끼가 이미 나무뿌리에 닿아 있다. 좋은 열매를 맺지 않는 나무는 모두 찍혀서 불 속에 던져진다."(마태 3,10; 루카 3,9) 사람들이 그에게 "스승님, 저희는 어떻게 해야 합니까?"(루카 3,12)라고 묻자 이렇게 답했다. "옷을 두 벌 가진 사람은 못 가진 이에게 나누어 주어라. 먹을 것을 가진 사람도 그렇게 하여라."(루카 3,11) 또한 세리들에게는 "정해진 것보다 더 요구하지 마라."(루카 3,13)

라고 하였고, 군사들에게는 "아무도 강탈하거나 갈취하지 말고 너희 봉급으로 만족하여라."(루카 3,14)라고 답했다. 요한 세례자의 가르침은 한마디로 불의한 길을 걷던 이들에게 올바른 길로 돌아가라는 가르침이다. 이는 악에서 선으로 발길을 돌리는 것이다. 예수님께서도 공생활의 시작에서 제일 먼저 "때가 차서 하느님의 나라가 가까이 왔다. 회개하고 복음을 믿어라."(마르 1,15)라고 선포하셨다.

회개는 온전히 하느님의 은총이다. 그러기에 인간의 노력만으로는 이루어지지 않는다. 인간을 부르시는 하느님께서는 우리가 회개하도록 기회를 주신다. 이 기회가 우연히 이루어지는 것처럼 보일 수도 있지만, 하느님의 은총으로 이루어진다는 걸 한참 뒤에 깨닫는 순간이 있다. 이런 체험을 한 이들의 일화를 소개해 보고자 한다.

† 대학 교수로서 칭송과 선망을 받는 이가 있었다. 그는 초등학교 3학년부터 중학교 3학년 때까지 복사로서 활동했을 만큼 신심이 깊었다. 그런데 고등학생 때부터 공부한다는 이유로 신앙생활을 멀리하게 되었다. 대학에 들어간 이후로는 아예 신앙과 담을 쌓고 말았다. 그런 와중에 대학교에서 장학생으로 공부를 하였고, 졸업 후에는 유럽의 좋은 대학교에서 박사 학위를 받았다. 그리고 모

교로 돌아가 교수가 되었다. 그때부터는 좋은 집안의 여성과 결혼도 하고, 오로지 학문으로 출세하기 위해 매진하고 있었다. 강의와 논문 발표는 물론이고, 신문에 칼럼도 연재했다. 수많은 강연으로 인기가 점점 올라가고 있었기에 밤늦게까지 연구실에 남아 논문과 강연 준비로 시간을 보내기가 일쑤였다. 그는 이렇게 하루하루를 정신없이 살며 15년의 세월을 보냈다.

어느 날 저녁 늦게 집으로 돌아가던 길이었다. 그는 가게 유리창에 장식된 전구와, 거리에서 들려오는 캐럴을 듣고 주님 성탄 대축일이 가까이 온 것을 알게 되었다. 12월은 대림절이고, 가끔은 판공성사를 봐야겠다고 생각하기도 했었다. 그렇지만 늘 실천에 옮기지는 못했는데 새삼스럽게 성탄이 다가오고 있다는 게 느껴졌다. 그러다 또 몇 주가 흘렀다. 그는 방학 중에도 학교로 출근하여 연구실에 머무르곤 했다. 마찬가지로 연구실에 있던 저녁 무렵이었는데, 이상하게 머리가 복잡하고 책장이 넘어가질 않았다. '오늘이 며칠이지? 아, 그렇지. 12월 24일이구나…….'

그는 거리로 나와 정처 없이 길을 걸었다. 그러다 아이들이 즐겁게 노래를 부르면서 성당 안으로 들어가는 모습을 보게 되었다. 호기심이 발동하여 아이들을 따라 성당 안으로 들어가 보았더니, 성당에서는 가족 성가 경연 대회가 열리고 있었다. 곧 어린이 성가대가 나와 '고요한 밤, 거룩한 밤'을 노래하기 시작했다. 그는 어릴 때 성가를 부르던 추억을 떠올리고 있었다. 순간 가슴이 뭉클해지며 눈물이 고이기 시작했다. 그리고 자신도 모르게 마음속으로 성가를 따라 부르고 있었다. 그는 가만히 앉아서 과거를 회상하면서 고개를 숙이고 있었다. '나는 지금까지 무얼 위해 살아왔던가. 오로지 공부, 그리고 내 출세를 위해서만 달려왔구나. 오늘이 성탄 전야인 줄도 모르고 말이야.'

눈앞에는 과거의 일들이 영화 필름처럼 지나갔다. 그리고 지난 시간에 대한 성찰을 하게 되었다. 문득 고해성사를 보고 싶은 마음에 고해소를 보았지만 미사 중이라 사제는 없었다. 대신 뉘우치는 마음으로 미사에 참례한 후, 집으로 돌아갔다. 그는 다음날 한 수도원을 찾아 갔다. 유럽에서 유학 생활을 할 때 수도원에 몇 번 들린 적이 있었기 때문이다. 고해성사를 보러 왔다고 했더니, 나이가 지긋한 사제가 나와 맞아 주었다. 그는 고해성사를 통해 지난날의 잘못을 모두 고백했다.

그 교수는 이러한 회심 뒤에 가톨릭 철학 사상에 관심을 갖고, 토마스 아퀴나스 성인과 아우구스티노 성인의 저서를 독파했다. 아우구스티노 성인의 《고백록》을 읽으면서는 "늦게야 님을 사랑했나이다."라는 성인의 기도가 뼈저리게 느껴져 눈물이 흘렀다.

그날 이후로 그의 강연과 신문에 기고하는 원고의 내용이 조금씩 달라지기 시작했다. '절대자', '최고선', '진리' 같은 단어를 자주 사용하기 시작했던 것이다. 글을 기고하는 곳이 교계 언론사는 아니었기에 종교적 용어를 지나치게 쓸 수는 없었다. 그럼에도 나름대로 자신의 마음에서 저절로 우러나오는 바를 글로 쓰기 시작한 것이다.

그를 부르시는 하느님의 섭리가 이렇게 드러났다고 볼 수 있겠다. 또한 콜로새 신자들에게 보낸 서간의 한 대목을 읽고, 유명하다는 사상가와 철학자들도 인간의 두뇌와 삶의 원리에 따라 학문을 전개해 왔음을 깨달았다고 했다. "아무도 사람을 속이는 헛된 철학으로 여러분을 사로잡지 못하게 조심하십시오. 그런 것은 사람들의 전통과 이 세상의 정령들을 따르는 것이지 그리스도를 따르는 것이 아닙니다."(콜로 2,8)

그는 마침내 그리스도께서는 길이요 진리요 생명이시라는 성경의 가르침을 깨달았다. 그리스도께서는 인간이 어디로 어떻게 가야 할지 망설이는 그 순간에 올바른 길잡이가 되시며, 무엇이 옳고 그른지를 식별하기 어려울 때 진리가 되어 주신다는 것. 그리고 현실에서도 인간답게 살고, 또 죽은 다음에도 영원히 살고 싶어 하는 인간의 마음을 채워 주시는 참생명이시라는 사실을 알게 되었다. 이는 은총의 힘이었다. 그로 인하여 새로운 차원의 삶을 살게 된 것이다.

† 외국에 이민 와서 20년 동안 먹고 사는 데 바빠 정신없이 보낸 사람이 있었다. 그러다 보니 다행히 재산도 모으고 살만큼 살게 되었다. 그러다 문득 이런 생각을 하게 되었다.
'내가 벌써 환갑이라니. 아이들도 대학을 졸업하고, 직장을 구해서 자신들만의 인생 설계를 하고 있으니 말이야. 나도 이만큼 살았군.'
그러던 어느 날 고향 친구와 연락이 닿아 만나게 되었다. 그 친구와는 어린 시절에 성당에서 복사도 함께했던 죽마고우였다. 그들은 밤새도록 옛이야기를 나누었다. 그러다가 친구가 꾸르실료 교육을 받고 신앙생활을 열심히 하고 있다는 것을 알게 되었다. 그는 친구의 인도로 냉담 생활을 끝내고 다시금 열심히 신앙생활을 시작했다.

† 나는 전주교구 천호 성지에서 김 바오로라는 신자와 가깝게 지냈다. 그는 구교 집안 출신이었고, 어릴 때부터 복사 활동을 하면서 대학교 2학년 때까지는 성당에 열심히 다니던 신자였다. 하지만

어느 날부터 신앙생활에 소홀해졌다. 그리고 술집을 운영하며 조직 세계로 뛰어들었다. 결혼은 했지만 주위에는 늘 여자가 있었으며, 그를 따르는 부하들도 있었다.

그러던 어느 날, 그의 삶이 바뀌게 된 계기가 있었다. 평소처럼 바다로 나가 수영을 즐기고 있을 때였다. 먼 바다로 헤엄을 쳐 나가고 있는데, 갑자기 이런 생각이 들었다고 했다. '만일 내가 지금 죽는다면 나는 어떻게 될까? 틀림없이 지옥이다.' 이는 '지옥 벌'에 대한 무서움이었다. 그는 재빨리 나와 짐을 꾸려 서울로 향했다. 그리고 명동대성당을 찾아가 고해성사를 보았다. 그는 고해성사로서 지난날을 온전히 참회했고, 새 사람이 되기로 결심했다. 운영했던 술집을 정리했고, 부하들에게도 자신의 결심을 알렸다.

"나는 이제 하느님께 갈 것이다. 그동안 고마웠다. 너희들도 언젠가는 나처럼 되길 바란다."

그는 매일매일 십자가의 길을 바치며 지난날 저지른 죄를 보속하였다. 물론 고해성사로서 모든 것을 용서받았으나, 자신의 의지로 이러한 보속 행위를 했던 것이다. 매일 미사 참례를 하는 것은 물론이고, 성체 조배와 묵주 기도, 성경 읽기를 했다. 또한 좋다고 소문난 피정에도 참석했다. 그리고 전교에도 힘쓰며 다른 이들에게 신앙을 전했다. 인간을 부르시는 하느님께서는 김 바오로 형제를 이런 식으로 부르셨던 것이다.

위에서 언급한 세 사람의 이야기는 모두 실화다. 하느님께서는 인간을 당신의 성성聖性으로 부르신다. 이는 "나와 함께 친구하자."라고 부르시는 것이다. 이는 영성 생활의 차원에서 단적으로 말한다면 "완전한 사람"(마태 5,48)이 되는 것이다. 우리는 이렇게 될 때, 하느님과 동화되어 점차적으로 '다운 생활'을 하게 될 것이다. 이를 통해 삶의 방향 전환이 점진적으로 이루어지는 것이다.

하느님을 직접 본 사람은 없지만, 마음속 깊은 곳에서 그분을 만난 사람은 무수히 많다. 눈으로 보이지 않고, 손으로 느낄 수 없는 그분을 직접 만났다고 주장하는 이들이 너무도 많은 이 현실 앞에서 이를 어떻게 설명할 수 있을까?

성령 쇄신 대회는 하느님을 만나는 곳이다. 또 성체 신심 세미나에서는 하느님이신 예수님을 뵙는다. 파티마 신심 행사에서는 성모님을 통해 예수님께로 나아가는 길을 알게 된다. 성경에서는 주님의 말씀을 만난다. 그리고 성경 말씀은 모두 주님께서 인간에게 보내시는 사랑의 편지임을 발견하게 된다.

이런 식으로 하느님을 만난 이들은 시편 저자가 체험한 것처럼 "하느님께서는 너무나 좋으신 분입니다."라고 외친다. 시편 저자가 하느님을 체험한 후, 그분을 찬미한 기도는 너무나도 많다. 그중 한 부분을 소개하면 다음과 같다. "주님은 너그러우시고 자비하신 분. 분노에 더디시고 자애가 크신 분. 주님은 모두에게 좋으신 분. 그 자비 당신의 모든 조물 위에 미치네. 주님, 당신의 모든 조물이 당신을 찬송하고 당신께 충실한 이들이 당신을 찬미합니다." (시편 145,8-10)

시편의 대부분은 다윗 임금이 지었다고 알려져 있다. 다윗 임금은 기원전 1000년경 30세에 임금이 되어 40년간 이스라엘을 통치하였다. 사무엘 대사제로부터 기름으로 축성된 이후로 성령께서 그와 함께하셨으므로 하느님의 사람으로 살았다. 하느님께 충성과 효성을 다하였기에 하는 일마다 잘 되고, 전투에서는 늘 승리하였다. 그러나 그는 구약 성경에서 가장 크다고 하는 세 가지 죄악 중, 배교를 뺀 두 죄를 범했다. 자신의 신하이자 충성스러운 군인이었던 우리야의 부인인 밧 세바를 차지하고, 마침내는 우리야를 죽이는 끔찍한 죄를 범한 것이다(2사무 11,1-27 참조).

로마의 시인이자 철학자였던 테렌시우스는 이렇게 말한 적이 있다. "나는 인간이다. 그러므로 인간적인 것은 무엇이나 나에게서 멀리 있지 않다고 여긴다Homo sum, humani nil a me alienum puto."

다윗 왕도 마찬가지로 하느님의 율법을 잘 지키고 그분을 충실히 섬겼으나, 정욕 때문에 끔찍한 죄를 범했다. 그는 나탄 예언자의 질책을 듣고 즉시 자신의 죄를 시인했다. 그리고 하느님께 간절히 용서를 청하였다. "하느님, 당신 자애에 따라 저를 불쌍히 여기소서. 당신의 크신 자비에 따라 저의 죄악을 지워 주소서. 저의 죄에서 저를 말끔히 씻으시고 저의 잘못에서 저를 깨끗이 하소서. 저의 허물에서 당신 얼굴을 가리시고 저의 모든 죄를 지워 주소서." (시편 51,3-5.11)

그가 읊은 이 뉘우침의 기도는 너무나 유명하여 시간경의 매주 금요일 아침 기도에도 실릴 정도이다. 간음과 살인을 범한 이를 즉시 벌하지 않으시고 용서해 주신 하느님께서는 분노에 더디시고 자애가 크신 분이시다. 다윗 임금은 이를 어느 누구보다도 깊이 체험했기에 "주님은 너그러우시고 자비하신 분. 분노에 더디시고 자애가 크신 분. 주님은 모두에게 좋으신 분. 그 자비 당신의 모든 조물 위에 미치네."(시편 145,8-9)라고 노래할 수 있었던 것이다.

영성 생활에 있어서 체험은 대단히 중요하다. 체험 없는 신앙생활은 활기가 없다. 죽지는 않았으나 뜨겁지 않아 겨우 살아 있을 뿐이다. 언젠가 열대 지방에서 온 사람들과 대화를 나누었던 적이 있다. 겨울에 내리는 눈에 대하여 한참 설명했지만, 잘 이해하지 못하는 것 같았다. 그래서 결국 1월이나 2월 즈음에 한국에 한 번 방문해 보라고 할 수밖에 없었다. 하늘에서 내리는 눈을 직접 보는 것이 훨씬 더 효과적이라고 생각했기 때문이다.

신앙 체험도 이와 비슷하다. 성령의 은사들을 체험한 성 바오로 사도는 율법의 필요성을 여러 곳에서 언급하면서도 "문자는 사람을 죽이고 성령은 사람을 살립니다."(2코린 3,6)라고 하였는데, 이는 자신이 맛본 성령 체험을 올바로 표현한 것이라고 본다. 베르나르도 성인도 "나는 체험하기 위하여 믿는다Credo ut experiar."라고 하였다. 이와 같이 체험을 한 이들은 활발하게 영성 생활을 해 나간다. 재미가 있고 맛이 나는 것이다.

아우구스티노 성인은 회개하고 하느님을 만난 후 더 감미롭게 dulcius 그리고 더 욕심을 내어avidius 그분을 만나고 싶다고 하지 않았는가? 라틴어의 '둘치우스dulcius'와 '아비디우스avidius'는 '둘체dulce'와 '아비데avide'의 비교법이다. 그의 《고백록》은 우주의 주인이시자 진선미성眞善美聖 자체이신 하느님을 찬미 찬송하고 흠숭하고자 하는 열망으로 가득 차 있다. 이는 궁극적으로 사랑이신 하느님을 마음속 깊은 곳에서 만났기 때문에 저절로 드러난 표현이었던 것이다.

"늦게야 님을 사랑했습니다. 이렇듯 오랜, 새로운 아름다움이시여, 늦게야 당신을 사랑했습니다. 부르시고 지르시는 소리로 절벽이던 제 귀를 트이시고, 비추시고 밝히시며 눈멀음을 쫓으시니, 향내음 풍기실 때 저는 맡고 님 그리며, 님 한번 맛본 뒤로 기갈 더욱 느끼고, 님이 한번 만지시면 위 없는 기쁨에 마음이 살라지나이다."(《고백록》, 제10권 27장)

"이제 당신이 내신 한 줌 피조물, 이 인간이 당신을 찬미하고자 생심하옵나니……. 당신을 기림으로써 즐기라 일깨워 주심이니, 님 위해 우리를 내시었기 그 안에 쉬기까지는 우리 마음이 찹찹하지 않습니다."(《고백록》, 제1권 1장)

인간은 마치 쇠붙이가 자석에로 끌려가듯이 하느님께로 향한다. 그리고 완전한 행복을 추구하는 인간의 욕구는 행복 자체이신 하느님을 찾는 데 있다. 이는 그분을 마음속 깊은 곳에서 만나는 체험으로서 더욱 확실해진다. 그 출발점은 회개이다. 위대한 아우구스티노 성인도 회심 전에는 지성적으로는 마니교에 빠져 있었고, 육체적으로는 여인의 포옹을 받지 않고 살 수는 없다고 말했었다. 그러나 회개하여 하느님께 귀의했다. 이와 같이 그리스도인다운 신앙생활, 즉 영성 생활은 회개에서 시작된다. 그것은 성 바오로 사도의 말처럼 "하느님의 뜻은 바로 여러분이 거룩한 사람이 되는 것"(1테살 4,3)이다.

예수의 데레사 성녀는 영성 생활을 자신의 체험을 바탕으로 상세하게 기록했다. 성녀는 기도의 단계를 설명하면서, 제1단계에 들어가기 위해서는 하느님의 은총을 입어 회개해야 한다고 가르쳤다. 회개하지 않는 영혼은 온갖 좋지 않은 냄새를 피우는 구더기와 여러 종류의 맹수와 독충들이 우글거리는 세속에 사는 이들과 같다고 한다. 여기에 사는 사람들은 자아 인식을 할 수 없다. '자아 인식'이란 자신을 올바로 보는 것을 말하는데, 이는 신앙 안에 있을 때에야 그렇게 할 수 있다. 성녀는 《영혼의 성》에서 이렇게 이야기했다.

"어떤 영혼들은 어찌나 병이 깊고 바깥일에만 정신이 쏠려 버렸던지 자기 안으로 들어갈 도리가 없을 뿐더러 그럴 수 없는 싹수마저 보이지 않습니다. 그도 그럴 일, 노상 한다는 일이 성 둘레에 득실거리는 더러운 벌레들이나 짐승들과 같이 지내는 일이요, …… 이젠 그들과 한통속이 되어 버렸으니, 타고난 본성이 제아무리 귀하고 하느님과 사귈 수 있는 능력을 가졌다 할지라도 어쩔 도리가 없는 것이다."(《영혼의 성》, 1궁방 제1장 6절)

얼핏 회개는 자신의 노력으로 이루어지는 것처럼 보이지만 궁극적으로는 하느님 은총의 작용이다. 온갖 좋은 것은 하느님으로부터 나오지 않는가? 회개도 마찬가지이다. 하느님께서는 인간을 지극히 사랑하시어 언제나 당신 곁으로 부르신다. 그러시기에 우리가 잠시 자신의 길에서 벗어났을지라도 올바른 길로 인도하여 주신다.

6

위대한 성인들의 영성

하느님과 친구가 된 이는 진정으로 축복받은 행복한 사람이다. 장차 천상에서 누릴 '지복직관visio beatifica'을 이 세상에서 미리 맛볼 수 있으니 말이다. 진정으로 회개한 사람들의 삶도 이러했을까 싶다. 순간적이지만 그들은 지복직관과 유사한 체험을 했을 것이다. 회개한 이가 좋은 지도자를 만나고, 성덕으로 나아가고자 하면 순풍에 돛 단 듯이 진보한 삶을 살게 된다. 이와 같은 성인들의 예를 좀 더 살펴보기로 하자.

† 아시시의 프란치스코 성인은 부잣집 아들로 태어나 부족함 없이 자랐다. 그러던 어느 날, 쓰러져 가던 다미아노 성당을 수리

하라는 하느님의 말씀을 듣게 된다. 이는 부패한 교회를 쇄신하라는 뜻이었다. 그는 젊은 시절에 사회적으로 출세하고자 하고자 했으나, 이 일로 온전히 주님께로 돌아오게 되었다. 그리고 교회의 쇄신을 위해 그리스도의 정신으로 돌아가고자 했다. 이는 복음의 가르침을 따라 사는 것이었다. 구체적으로는 당시 교회를 쇄신하기 위하여, 가난과 회개의 삶을 살기로 결심한다. 그리고 기도와 극기의 삶에 몰두하였다. 프란치스코 성인과 그를 따르던 동료들의 삶 그 자체가 교회의 개혁을 유도하였다. 당시 교회의 상황에서 개혁을 한다는 것은 부유함을 멀리하고 가난한 삶을 택하는 것이었다. 이는 마태오 복음서 10장 9절에서 10절에 언급된 바 있다. "전대에 금도 은도 구리 돈도 지니지 마라. 여행 보따리도 여벌 옷도 신발도 지팡이도 지니지 마라."

그 당시 교회는 복음의 가르침을 무시하고 있었다. 많은 사제와 수도회들은 재산을 축적하는 데에 관심이 많았고, 고위 성직자들은 세속적 권한에 치중하고 있었다. 이러한 부패와 빗나간 삶을 바로잡으려는 시도들은 거의 성공을 거두지 못하였다. 회개에 대한 가르침이 무시되고 있었다. 일부 개혁자들은 세속적인 힘에 의존하려고 했거나, 아니면 이탈리아 북부의 브레시아의 아르놀드처럼 폭력을 사용하여 교회의 쇄신을 도모하려고도 하였다. 또한 알비파와 발도파처럼 교회의 정통 신심에서 빗나간 이단도 등장하고 있었다. 이런 혼란스런 상황에서 프란치스코 성인이 제시한 삶의 방식은 너무나 단순했다. 바로 전통적인 수도회의 삶과 적절히 조화를 이루면서 순박하고 소박한 마음으로 복음의 삶을 사는 것이었다.

하느님께서는 그에게 대자연을 통해 하느님 창조의 손길을 생생하게 체험하게 하도록 은총을 베푸셨다. 프란치스코 성인은 〈태양의 노래〉에서 태양을 형으로, 달을 누이로 표현하였다. 이같은 성인의 순수한 마음은 신앙의 정신과 하나 되어 고양되고, 한층 승화되어 나타나고 있다. 생의 마지막에는 더 큰 은총을 받아 성흔(聖痕, stigma)을 받아, 예수님의 십자가 고통에 동참하게 되었다. 그 당시까지 개인이 이런 체험을 한 것은 처음 있는 일로 기록되고 있다. 이러한 그를 존경하고 함께하기를 원하는 사람들이 모여와 자연스럽게 수도회가 창설되었고, 프란치스코회는 설교 직무와 탁발 수도회의 이상을 제시하게 되었다. 진정한 회개는 이와 같은 놀라운 결과를 낸다.

† 로욜라의 이냐시오 성인은 기사 교육을 받은 뒤, 나바라의 팜플로나에서 프랑스군과의 전투 중에 다리 부상을 당하게 되었다. 그는 부상으로 누워 있는 동안 무료함을 달래기 위해 기사들의 무

용담이 담긴 책을 읽으려고 찾아보았다. 하지만 그런 책은 한 권
도 구할 수 없었다. 있는 책이라고는 《그리스도의 생애*Vita Christi*》와
《성인들의 꽃*Flos Sanctorum*》뿐이었다. 그는 이 두 권의 책을 읽고 회
개의 길로 들어서게 되었다. 그래서 세속의 영예를 송두리째 버리
고, 오랫동안 기도와 고행 끝에 그리스도에게 귀의하고자 하였다.
그러나 인생의 절반을 기사로 보낸 그의 과거가 이를 용납하지 않
았다. 그럼에도 성인들을 본받고자 하는 열렬한 마음 덕분에 앞으
로 나아갈 수 있었으며, 기도와 고행에 힘쓰며 일생을 그리스도만
을 위해 살기로 결심하고 수행을 계속했다. 그는 자신의 신앙 체험
을 모아 《영성 수련*Exercitia spiritualia*》이란 묵상 지침서를 만들었다.
이 지침서는 진정으로 그리스도를 따르고자 하는 사람들에게 신앙
의 길잡이가 되어 주었다.

그에게 있어서 그리스도의 정신으로 사는 것은 하느님의 영광
을 위하여 사는 것이었다. 그래서 '하느님의 더 큰 영광을 위하여
Ad Majorem Dei Gloriam' 살고자, 예수회라는 수도회를 창설하였다.
예수회는 근대 교회 이후 적어도 300년 이상 학문적인 일과 선교
사업을 비롯한 다방면에서 교회에 지대한 영향을 주었다고 평가받
는다. 어디서 그런 큰 힘이 나왔을까? 이 핵심이 바로 《영성 수련》
에 실려 있다. 요새도 《영성 수련》의 가르침을 바탕으로 한 피정이

나 묵상 등이 있다. 이러한 가르침을 바탕으로 많은 이들이 주님의 정신으로 무장하여 가정과 사회를 성화시켜 나가고 있다. 특히 우리나라 평신도 신심 운동 중에 꾸르실료의 정신은 영성 수련에 바탕을 두고 있다. 이 교육을 받은 많은 평신도들은 자신의 성화는 물론이고, 교회의 발전을 위해 다양한 봉사와 협조로써 하느님 나라 건설에 이바지하고 있다.

† 샤를 드 푸코 성인은 젊은 시절에 프랑스의 육군 장교로 있으며 방탕한 삶을 살았다. 한때 신앙까지 버린 적이 있었으나, 사촌 누나 마리의 신앙생활에 감동을 받아 28세에 회심한다. 그 후 고해 성사를 보고 지도 신부의 권고로 성지 순례를 하게 되었다. 그는 나자렛을 방문하여 예수님의 숨은 30년 시절에 깊은 감동을 받았다. 그리고 지도 신부의 안내로 트라피스트 수도회에 입회하게 된다. 그 뒤 수행에 힘쓰다가 장상의 허락을 받아, 성지 순례 때 감명을 받았던 나자렛으로 돌아갔다. 그는 3년간 클라라 수녀원의 문지기로 일했으며 주님의 겸손한 삶을 묵상하며 지냈다. 사제로 서품받고 1901년에는 아프리카 사하라 사막에 가게 된다. 그는 그곳에서 이슬람교도들과 친구가 되었다. 그러던 어느 날, 원주민이 쏜 총에 맞아 선종하였다. 샤를 드 푸코의 영성은 세속적으로 부유한 사람

들과 여러 수도회에 귀감이 되고 있다. 특히 겸손과 청빈의 실천이 훌륭한 모범이 되고 있다.

이와 같이 회개한 이들은 자신의 성화와 하느님의 영광을 드러내기 위해 노력하며 살아간다. 이는 새롭게 된 상태를 꾸준히 보존하고 성장 발전시키기 위한 노력이다. 그러나 인간의 힘만으로는 불가능하므로 주님의 도우심을 겸손하게 청해야 할 것이다. 특별히 자신의 좋지 않은 습관과 악의 경향을 극복하기 위하여 적절한 방법을 사용해야 하는데, 하나의 원칙으로서 '반대로 행하기Agere contra'를 제시하고 싶다. 이는 죄로 유인하는 습관과 경향에 대항하여 반대로 행하는 것을 말한다. 예를 들면, 술을 지나치게 마셔 실수를 해 본 사람이라면 그런 기회를 피하거나 적당히 마시는 법을 강구해야 한다. 또한 욕을 잘 하여 남을 불쾌하게 하거나, 자신의 입을 더럽게 하는 사람은 말조심을 하도록 노력해야 한다. 그리고 늘 좋은 말만 사용할 수 있도록 수련을 쌓아야 한다. 그러므로 이 원리는 선을 행하기 위해 악의 경향이나 죄로 유인하는 요소에 맞서 반대로 행동하는 것으로 영성 수련에 많은 도움을 준다.

다른 하나는 죄의 기회를 피하는 것이다. 인간은 약한 존재이므로 죄를 저지를 기회가 주어지면 완전히 물리치기란 쉽지 않다. 더구나 욕망을 자극하는 분위기나, 과거에 실수한 적이 있는 상황에 놓인다면 빠져나오기 어려울 것이다. 그러므로 어떤 장소에 가거나 어떤 사람들을 만났을 때, 죄를 범할 수 있는 위험을 예상하여 이를 피하는 것이 상책이다. 이는 비겁한 것이 아니다. 덕을 쌓아 하느님의 자녀로, 더구나 영성 생활을 하는 신앙인으로서 성인이 되기 위함이다. 비록 많은 혼란을 겪을지 몰라도 위험에 빠질 수 있는 상황들을 멀리하고 수행에 힘쓴다면 서서히 마음속의 노도怒濤가 사라져 평온이 찾아온다. 이런 과정들을 거친 다음에는 심령이 강건해져 수행 생활이 순조로울 것이다. 이런 시련들을 겪지 않고 성인이 된 이들은 아무도 없다.

이처럼 회개는 놀라운 결과를 낸다. 결과적으로 회개는 자신을 살리고, 이웃도 살리는 이중의 효과를 지니고 있다. 내가 성화된다면 나와 더불어 살아가는 이웃도 성화된다. 그리하여 가족, 친구, 직장 동료 모두가 직·간접적으로 하느님을 알게 되어 인생을 보람차게 살게 되니 얼마나 좋은 일인가!

성덕을 쌓아 가는 이들은 하느님께 영광을 드린다. 하느님의 영광이라는 주제에 대해 신학적으로 간단히 언급하고자 한다. 신학자들은 일반적으로 하느님의 영광에 대해서는 두 가지로 설명한다. 하느님의 내적 영광과 외적 영광이 그것이다. 내적 영광은 천주 성삼이 지니신 완전하고 무한한 진선미성에서 드러나는 광채를 말한다. 이는 인간적인 언어로 표현할 수 있는 최대의 수식어에 불과하다. 더 높고 더 나은 어휘가 있다면 완전하신 하느님을 수식하는 표현에 사용되어야 할 것이다. 무한히 아름다우시고 선하시며 진실하신 하느님께서는 성부 성자 성령끼리 상호 교류(περιχώρησις)로서 신적인 사랑과 아름다움, 선하심을 나누신다. 아버지 하느님께서는 자신을 완전히 인식하시며 당신 독생자인 말씀을 인식으로 낳음으로 완전한 모습을 영원토록 재생하신다.

성부와 성자 사이에 일어나는 상호 관상의 결과로 신적 사랑이 영원히 교류되는데, 그분께서 바로 성령이시다. 세 위격이시지만 완전한 사랑 안에서 온전한 일치를 이루시는 한 분이신 하느님께서는 그 자체로 내적 영광을 드러내신다. 그러므로 하느님께는 어떤 결핍이나 부족한 점이 없다. 하느님께서 피조물을 만드신 이유도 그분의 선하심과 사랑 때문이다. 사랑과 선은 본질상 서로 상통할 수밖에 없으며 좋고도 합당한 결과를 내기 마련이다. 이는 철학의 원리로서 '선은 저절로 넘쳐흐른다Bonum sui diffusivum est.'라고 한다. 완전한 선이신 하느님께서는 감추어져 계실 수 없고, 그 자체로 드러나실 수밖에 없다. 스스로 영광을 드러내시는 하느님께서는 이를 외부로 표출하시는데 이것이 창조로 드러났다. 지속적으로 창조 과정 중에 있는 우주가 바로 하느님의 영광을 외부로 드러내는 수단이 되고 있다. 그리고 성화된 의인들은 삶으로 하느님의 영광을 드러낸다. 왜냐하면 성화 자체는 완전히 선하신 하느님, 그분을 보여 주신 예수 그리스도의 삶을 본받아 덕행을 닦으며 얻어진 것이기 때문이다.

성 바오로 사도는 "여러분은 먹든지 마시든지,,그리고 무슨 일을 하든지 모든 것을 하느님의 영광을 위하여 하십시오."(1코린 10,31)라고 했다. 그러므로 하늘나라에서 누릴 행복을 위하여 성덕을 닦는 것이 아니라, 개인의 성화와 하느님께 영광을 돌리려는 지향으로 덕을 닦아야 한다. 그러다 보면 스스로 성화되는 것을 느낄 수 있다. 이러한 삶을 지속적으로 해 나갈 때 우리는 그리스도교 완덕 생활에 매진한다고 할 수 있다. 따라서 그리스도교 영성 생활은 바로 이런 삶인 것이다.

회개한 영혼은 무엇보다도 기도 생활에 열중한다. 기도 없는 영성 생활은 있을 수 없다. 기도란 마음을 하느님께로 들어 올리는 것이다. 이는 존재 전체를 주님께 드리는 것이라고 할 수 있다. 달리 표현한다면, 말이나 생각이나 동작으로 존재 전체를 하느님께 드리는 것이라고 할 수 있겠다. 마음의 표현이 말로 드러나기에 기도를 하느님께 말씀드리는 것으로 정의하기도 한다. 마음이 없는 입놀림은 기도라고 하지 않는다. 어디까지나 마음이 우선이다.

나는 영화 〈사운드 오브 뮤직The Sound of Music〉을 무척 좋아한다. 그래서 이 영화에 나오는 모든 노래를 거의 외운 적도 있다. 그런데 기도의 관점에서 본다면 영화에 나오는 수녀들이 기도하는가? 아니다. 그들은 기도하는 것이 아니라, 기도하고 찬미하는 수녀를 연기하는 배우에 불과하다. 이를 우리는 '입놀림'이라고 한다. 마음이 없는 입놀림은 기도가 되지 않는다. 기도는 마음의 발로이며, 마음을 하느님께 올리는 것이다. 이렇게 될 때에 하느님을 찬미하고 감사드리며, 죄의 용서를 청하고 도우심을 청하게 된다.

종교적 존재인 인간은 하느님을 찬미할 수밖에 없다. 아우구스티노 성인은 피조물인 인간은 마치 쇠붙이가 자석에로 끌려가듯이 하느님께로 마음을 돌리지 않을 수 없다고 하였다. 《고백록》의 한 구절을 보자.

"이제 당신이 내신 한 줌 피조물, 이 인간이 당신을 찬미하고자 생심하옵나니……. 당신을 기림으로써 즐기라 일깨워 주심이니 님 위해 우리를 내시었기 님 안에 쉬기까지는 우리 마음이 찹찹하지 않습니다."《고백록》, 제1권 1장)

완전한 행복을 추구하는 인간의 욕구는 바로 행복 자체이신 하느님을 찾는 데 있다. 아우구스티노 성인은 인간이 비록 하느님을 찾았다 하더라도, 이승의 삶을 사는 한 지속적으로 그분을 찾아 나서야 하는 작업이 언제나 요구된다고 보았다. 그러므로 그분은 "하느님을 만나게 되면 (계속해서) 찾아야 한다Deus inventus quaerendus est."라고 표현하기도 했다. 성인은 그리스도인이 기도로서 하느님을 만나기만 하면 적당히 만나는 것이 아닌, 보다 감미롭고 보다 욕심을 내어dulcius et avidius 만나고자 하는 욕구가 생긴다는 것도 자신의 체험을 바탕으로 솔직히 고백하였다. 성인은 라틴어 비교법의 두 부사 '둘치우스dulcius'와 '아비디우스avidius'를 사용하여 사랑이 무엇인지 아는 사람은 누구나 이해한다고 보았다. 그리고 시편 저자와 더불어 이렇게 말하였다.

"말씀하소서. 보소서 주님, 당신 앞에 제 마음의 이 귀와 입을 열어 주사 제 영혼에게 말씀하소서. 네 구원이 바로 나라고. 이 목소리 뒤로 내달아 가서 당신을 붙잡고 말으오리다. '당신 얼굴을 저한테서 감추지 마옵소서.' 차라리 뵈옵고 죽으리다, 아니 죽기 위하여."(《고백록》, 제1권 5장)

아우구스티노 성인의 《고백록》에는 기도의 모든 요소인 찬미, 감사, 흠숭, 뉘우침, 은총을 구함 등이 담겨 있다. 그래서 우리에게 진정한 기도가 무엇인지에 관해 알려 주는 좋은 가르침이 된다.

전통적으로 아우구스티노 성인을 '은총의 박사 Doctor gratiae'라고 불렀다. 이는 무엇보다도 그가 은총의 필요성을 변호하고 강조하였기 때문이다. 그에게 있어서 기도는 만물의 영장인 인간이 하느님의 완전성과 무한성을 인식할 때 할 수 있는 최고의 방법이었다. 또한 인간의 생사를 온전히 주관하시는 하느님을 흠숭하고, 그분께 찬미와 감사를 드리며 그 안에서 즐기는 것이었다.

그는 젊은 시절의 방황을 청산하고 회개한 후로는 참회자들의 모범과 신앙의 변호인이 되었다. 또한 탁월한 사목자와 신비가로서 여생을 보냈다. 영성적인 측면에서 볼 때에 그의 생애는 "죄가 많아진 그곳에 은총이 충만히 내렸습니다."(로마 5,20)라는 성 바오로 사도의 말처럼 회개로서 하느님의 사랑을 깊게 체험한 한 인간의 모습을 생생하게 보여 준다.

성인은 354년 북아프리카의 현재 알제리와 튀니지 국경에 있는 타가스테에서 로마 제국의 관리인이었던 아버지 파트리키우스와 어머니 모니카 사이에서 태어났다. 파트리키우스는 넉넉하지 않은 살림에도 아들의 출세를 위해 공부를 할 수 있도록 지원해 주었다. 그는 올바르게 사는 것에는 별 관심이 없었으나, 죽기 전에 회개했다고 전해진다. 반면 어머니 모니카는 신심 깊은 그리스도인이었다. 그래서 아들이 마니교에 심취했을 때나, 다소 빗나간 생활을 할 때에도 아들을 위해 눈물을 흘리면서 기도하였다. 그리고 올바른 길로 돌아오도록 자주 충고하였다.

아우구스티노 성인은 어릴 때 어머니로부터 신앙 교육을 받으면서 성장하였다. 비록 여러 사정으로 세례는 받지 못했지만 그가 경험한 기도 체험은 어린아이로서는 대단히 큰 것이었다. 그는 어머니로부터 기도하는 법을 배워 어려운 순간마다 기도를 드리곤 하였다. 《고백록》에는 그가 겪은 기도 체험이 자주 언급된다. 일례로 어린 시절에 아우구스티노는 배가 아파 죽을 지경에 이르도록 고생을 한 적이 있었다. 그래서 이 병을 낫게 해 달라고 열심히 기도를 드리자, 바로 그 순간에 감쪽같이 나았다고 한다. 세월이 흘러 학교에 다닐 때에는 엄한 선생님들로부터 매를 맞지 않게 해 달라고 기도하기도 했으며, 사춘기에 접어들었을 때는 정결하게 살 수 있길 청했다. 그러나 이 기도는 혼신의 정으로 드린 강렬한 기도는 아니었다. "철딱서니 없고 젊은 이놈은 청년기로 접어들면서부터 당신께 빈다는 소리가 '순결을 주소서. 절제를 주소서. 그러나 지금은 마옵소서.' 하는 것이었습니다."《고백록》, 제8권 7장)

머리로는 원했으나 마음으로 동의하지 않는 기도였으니 이런 식으로밖에 드리지 못했을 것이다. 고뇌하며 피땀이 흐르도록 기도하시던 예수님께서는 제자들이 자신과 함께 깨어 있기를 원하셨으나, 제자들은 잠에 빠지고 말았던 것처럼 말이다(마태 26,40; 마르 14,37 참조). 건성으로 드린 기도는 아무런 결과를 내지 못하였다. 그는 청년기에 이르러 육체의 정욕에 자신을 맡기고 말았다. 쾌락을 찾는 생활과 마니교의 사상에 빠져 기도와는 거리가 먼 생활을 했다. 그런 생활을 계속하면서도 자신의 회개를 위해 기도했던 어머니의 충고는 결코 거절할 수가 없었다.

마침내 어머니의 뜻을 따르기로 한 그에게 악의 기운이 덮치기 시작했다. 과거 생활을 청산하고 새로운 길을 가려고 결심하자 악의 세력이 찾아와 괴롭히기 시작한 것이다. 그는 갑자기 심한 이앓이를 하게 되었다. 그러나 약을 사용하기보다는 주님께 간절히 기도를 드리기로 하였다. 그러자 통증이 씻은 듯이 사라졌다. 이때의 기도는 혼신의 정을 다 바쳐 드린 간절한 기도였다. 아우구스티노 성인은 이런 식으로 그는 기도의 효과를 몇 번 체험하게 되었다. 하느님께서는 아우구스티노를 결코 버리지 않으시고 여전히 부르고 계셨던 것이다.

그에게 있어서 가장 큰 기도 체험은 자신의 회개였으며, 회개의 은총을 전적으로 어머니 모니카 성녀에게 돌렸다. 어머니가 드린 기도 덕택에 암브로시오 성인 주교의 인도를 받아 새롭게 태어났기 때문이다. 그리고 주교의 스승인 심플리치아노 성인의 지도를 받아 마니교에서 신플라톤주의로 발길을 돌리게 되었다. 그토록 찾고 염원하던 진선미성이신 하느님께로 돌아간 것이다. 그는 함께 살았던 여인의 곁을 떠나, 몇몇 친구들과 어머니 그리고 아들 아데오다투스와 함께 밀라노 근처 카치시아쿰이라는 시골로 가서 기도와 독서, 노동을 하며 생활하였다.

아우구스티노 성인은 활동 생활(活動生活, vita activa)보다는 관상 생활(觀想生活, vita contemplativa)이 더 우월하다고 보았다. 그는 세례 성사를 받기 전부터 이 생활을 시작하였다. 사제와 주교가 된 후에는 기도와 활동을 겸한 혼합 생활vita mixta을 하였지만, 만일 성

6. 위대한 성인들의 영성   83

인이 하느님의 부르심을 받아 주교가 되지 않았다면 관상 생활에 몰두했을지도 모른다. 주교가 되어 활동에 종사하지 않을 수 없었으나, 그럼에도 관상 생활을 우선적으로 여겼다. 도미니코 성인이 "관상한 것을 타인에게 전하라Contemplata aliis tradere."라고 이야기한 정신이 이미 아우구스티노 성인의 삶에서 드러나고 있었다. 이로써 진정한 활동가는 진정한 관상가라는 사실이 증명된다고 하겠다.

활동 생활과 관상 생활에 관한 부분은 루카 복음서 10장 38절 이하 마르타와 마리아의 집을 방문하신 예수님의 행적에도 드러난다. 성경의 이 부분은 전통적으로 교회 안에서 활동에 종사하는 사람, 관상 생활에 몰두하는 사람으로 이해되어 왔다. 언니 마르타는 '활동actio'을 상징하고, 동생 마리아는 '관상contemplatio'을 상징한다고 보는 것이다.

교회 안에서 이 같은 두 부류의 삶은 절대적으로 필요하다. 교회의 여러 가지 일들을 하면서 분주하게 살아가는 봉헌된 이들이 있는가 하면, 기도에만 몰두하며 조용히 살아가는 수도자들도 있다. 바로 활동 수도회와 관상 수도회가 그러하다. 교회에는 활동에 종사하는 수도자도, 봉쇄 수도원에서 관상만을 주로 하는 수도자도 모두 필요하다. 어느 한쪽만을 지나치게 강조할 수는 없다. 활동 생활과 관상 생활은 13세기 이전까지 엄격히 구분되어 있었다. 도미니코 성인은 이 두 가지를 적절히 조화시키려고 애를 썼다. 그리하여 성인은 관상에 몰두하되 어느 정도 활동을 강조하는 수도회를 세웠다. 그리하여 '관상한 것을 다른 사람들에게 전하라Contemplata aliis tradere.'는 말을 남겼다. 관상의 결과가 활동으로 드러난다는 뜻이다. 다시 말해서, 묵상 기도이든 관상 기도이든 주님과 함께 시간을 보낸 후 활동하라는 의미이다. 기도 없는 활동은 속이 텅 빈 껍데기가 걸어 다니거나 뛰어다니는 것과 같다. 기도로서 예수님의 정신을 받은 다음에 활동하면 이것이 제대로 이루어진다.

한편 이백 여년 후에 도미니코 성인 다음으로 등장한 로욜라의 이냐시오 성인은 신비가였다. 많은 사람들은 예수회가 활동만 하는 수도회로 생각하나 잘못 알고 있는 것이다. 그는 '활동을 하면서 관상contemplatio in actibus'하라는 영성도 강조하였다. 성인은 신비를 체험하였고, 이는 일생 중 여러 번 있었다. 그러므로 활동만을 강조한 것이 아니라 관상과 활동을 적절히 조화시킨 이상적인 활동가였다.

특히 예수 수도회를 설립한 가경자(可敬者, Venerabilis) 메리 워드는 여성으로서 활동 수도회를 처음으로 시작한 수도자이다. 메리 워드는 여성도 남성과 못지않게 하느님의 일을 잘 할 수 있다는 확신으로 활동을 강조하였다. 예수 수도회를 본받아, 근대 이후 많은 여성 활동 수도회들이 창설되어 교회의 요구에 응해 왔다.

　아우구스티노 성인의 기도의 세계로 다시 돌아가 보자. 그의 전기를 쓴 포시디오 성인은 친구이자 동료 수도자였다. 그는 아우구스티노 성인이 회심한 후에는 전적으로 기도에 매진하며 살았으며, 그리스도의 신비를 묵상하는 삶의 연속이었다고 증언한다.

　기도에 충실했던 그는 탈혼(脫魂, ecstasy)을 체험하기도 했다. 이탈리아를 떠나 고향으로 향할 때 로마 근처 오스티아에서 어머니 모니카 성녀와 만나 함께 기도한 적이 있었는데, 둘 다 기도 중 탈혼 상태에 빠졌다가 깨어나 천상의 삶에 관한 대화를 나누었다는 일화도 있다. 마치 성 바오로 사도처럼 하늘 삼 층까지 올라가 천상의 목소리를 들었을지도 모른다.

　성인이 남긴 수많은 작품들 중 《고백록》은 그 자체가 기도이다. 이 책에는 어린 시절부터 시작하여 청소년기를 거치면서 정신적으로 방황하고 잠시 방탕했던 삶과, 그 후의 과정을 기도로서 하느님께 진솔하게 드리는 내용으로 이루어져 있다. 《독백 Soliloquies》이란 저서도 긴 기도로 시작하고 있다. 상당히 복잡한 《삼위일체론 De

Trinitate》은 하느님의 존재와 신비를 잘 깨닫도록 도와주기 위한 저서로서 수년을 두고 기도를 통하여 끝낸 불멸의 걸작이다.

그는 진정한 철학이 무엇인지에 대해서도 언급했다. '철학philosophia'은 원래 지혜sophia를 사랑하는philos 것이다. 신앙 안에서 볼 때, 지혜에 대한 사랑은 지혜 자체이신 하느님에 대한 사랑을 말한다. 그러기에 진정한 철학자는 지혜 자체이신 하느님을 찾지 않을 수 없는 것이다. 그래서 아우구스티노 성인은 마니교에서 신플라톤주의Neoplatonism로 돌아와 지혜만이 아니라 진선미성 자체이신 하느님을 알고, 그분을 사랑할 수밖에 없었다고 한 것이다. 그는 이처럼 진리를 추구하고 사랑하는 마음으로 철학과 신학에 심취했다. 진리 자체이신 하느님을 높은 차원에서 관상하였으니 신비가의 경지까지 이를 수 있었다고 본다. 16세기 스페인의 신비가들, 특히 십자가의 요한 성인과 예수의 데레사 성녀는 아우구스티노 성인의 영향을 많이 받았다.

이처럼 회개한 영혼은 누구나 자기의 방식대로 인간의 생사를 온전히 주관하시며 사랑이신 하느님께로 마음을 돌리지 않을 수 없다. 피조물인 인간은 조물주 하느님 안에 있으므로 그분께 나아가게 되는 것이다. 하느님께서는 우리 한 사람 한 사람을 그 존재 양식에 따라 부르신다. 우리는 하느님 안에서 숨 쉬고 움직이면서 살아가고 있다. 이를 알고 깨닫는 사람은 누구나 자신의 인생관을 새롭게 설계한다. 먹고, 마시며, 일하고 살아가는 것을 인생의 전부로 여기지 않고, 이보다 한 차원 높은 삶, 즉 영원을 향한 길을 우선으로 여긴다면 그는 진정으로 회개한 사람일 것이다. 이는 죄를 회개한다는 것보다도, 인생관 자체를 올바른 궤도에 올려놓는다는 점의 회개이다. 그리고 회개하며 영원을 향한 세계관으로 인생관을 한 단계 끌어올린 것이다. 이때 "모든 것은 지나간다Omnia transeunt."는 교회의 전통적인 영성 원리를 깨닫게 된다. 그렇다고 해서 현재의 삶을 무시하고 염세적인 사고와 생활을 하게 된다는 말이 아니다.

우리는 이 세상에 태어난 이상 현실에 두 발을 딛고 힘차게 살아가지만, 그럼에도 이곳이 나의 본고향이 될 수 없다는 근본적인 생각을 하며 살아간다. 물론 이 세상의 모든 것은 다 좋고 아름답다. 전능하시고 사랑이신 하느님께서 창조하셨고, 계속해서 세상 모든 걸 창조해 나가시기 때문이다. 이런 창조물을 사용하면서도 그 자체에 목적을 두는 게 아니라, 영원으로 나아가는 수단으로 이용한다면 하느님 찬미, 감사, 흠숭 등의 전통적인 영성 원리가 중심을 이루게 된다.

회개한 영혼들은 모두 이러한 영성 원리에 따라 지상의 삶을 영

위해 나갔다. 그리하여 천상의 신비를 맛보기도 했지만 캄캄한 암흑의 밤을 걷기도 하였다. 아우구스티노 성인이 "주님, 당신 안에 쉬기까지 제 영혼이 불안하나이다Cor meum inquietum est donec requiescat in te, Domine."라고 기도했던 것처럼 말이다. 눈물의 골짜기를 걸어가고 있는 한, 이승의 삶은 이와 같이 늘 불완전하다. 그러니 영원히 변치 않는 하느님께 마음을 두지 않을 수 없는 것이다. 시편에는 이러한 구절이 나온다. "사람이란 그 세월 풀과 같아 들의 꽃처럼 피어나지만 바람이 그를 스치면 이내 사라져 그 있던 자리조차 알아내지 못한다."(시편 103,15-16)

인생의 수확기에 접어들면 지난 시간을 되돌아보고, 누렸던 부귀영화가 찰나에 불과했다는 체험을 한다고 한다. 물론 영원에 대한 생각을 진지하게 하는 사람들의 체험일 것이다. 인간은 누구나 오래 살기를 원한다. 뿐만 아니라 죽지 않고 영원히 살기를 바란다. 인간의 육체를 다루는 학자들은 생명을 연장시키려고 노력하고 있다. 그 결과로 여러 방법이 등장하고 있어 눈길을 끌고 있지만, 아직 뾰족한 해답은 없다. 그렇다면 이러한 문제를 어떻게 해결할 수 있을까?

신앙은 이 문제에 관해 너무나 간단한 답을 준다. 바로 영원하신 하느님께로 돌아가라는 것이다. 이는 길이요 진리요 생명이신 구원자 예수 그리스도에게로 돌아가는 것이다. 그분만이 이 문제를 해결해 주실 수 있다. 하지만 신앙 안에서 해답을 찾았더라도, 이를 온전히 내 것으로 만들기 위해서는 많은 노력이 요구된다.

"너희는 좁은 문으로 들어가라. 멸망으로 이끄는 문은 넓고 길도 널찍하여 그리로 들어가는 자들이 많다. 생명으로 이끄는 문은 얼마나 좁고 또 그 길은 얼마나 비좁은지, 그리로 찾아드는 이들이 적다."(마태 7,13-14)라는 예수님의 말씀처럼 영성 생활은 보통 이상의 신앙생활이다. 그러니 이를 실천하기 위해서는 생명으로 이끄는 좁은 문을 통과하고 좁은 길을 걸어야 한다.

많은 이들이 피정, 연수가 끝난 뒤에는 하느님과 함께한 체험들을 자랑삼아 말하다가도, 막상 현실로 돌아온 후에는 중도에 포기하고 만다. 이유는 간단하다. 수행에 힘쓰지 않기 때문이다. 작심삼일이라고 했던가? 수행은 꾸준하게 노력해야 하고, 동시에 인간의 노력만으로는 불가능하므로 주님의 도우심을 겸손하게 청하면서 나아갈 때 성공을 거두게 된다.

인간은 너무도 나약한 존재이므로, 파스칼의 말처럼 저 하늘의 물방울 하나라도 인간을 압사시킬 수 있다. 인류는 마치 지구를 정복한 것처럼 착각하나, 눈에 보이지 않는 미세한 바이러스에도 여지없이 무너질 수 있다. 이처럼 약한 인간에게 영성의 길은 고독하다. 그러나 방법을 안 후, 이를 꾸준히 실천하면 이루지 못할 것도 없다. 성인들의 삶이 이를 증명한다.

7

기도의 중요성

　제자들은 항상 기도하시던 예수님의 모습을 보고 기도하는 법을 가르쳐 달라고 청하였다. "주님, 요한이 자기 제자들에게 가르쳐 준 것처럼, 저희에게도 기도하는 것을 가르쳐 주십시오."(루카 11,1) 예수님께서는 제자들의 청을 받아들여 기도를 알려 주셨다. 그리고 그대로 하라고 하셨다. 하느님께 돌아와 그분께 마음을 두면서 영원을 향해 나아가는 이들은 주님을 본받아 진정으로 기도한다. 숨을 쉬지 못하면 죽는 것처럼, 기도하지 않는 영혼은 죽은 것이나 다름없다. 그러므로 기도의 가치와 중요성은 아무리 강조해도 부족하다.

　완덕의 모범이신 예수님께서는 기도의 중요성만을 강조하신 것이 아니라, 규칙적으로 기도하시면서 모범을 보이셨다. 예수님의 이러한 모습을 마르코 복음사가는 이렇게 기록하고 있다. "다음날 새벽 아직 캄캄할 때, 예수님께서는 일어나 외딴곳으로 나가시어 그곳에서 기도하셨다."(마르 1,35) 2005년 새 번역 성경은 이를 "새벽 아직 캄캄할 때"(마르 1,35)라고 번역했다. 그러면 이때가 과연 몇 시쯤일까? 각각 다른 해석을 할 수 있겠으나, 나는 그 시간을 인시(寅時, 3~5시)로 보고 싶다. 인시는 만물이 잠을 깨는 시간이다. 새벽 3시가 지나면 온 사방에서는 다양한 소리가 들려온다. 어디선가 풀잎이 스치는 소리, 벌레가 움직이는 소리 등 만물이 깨어나는 소리가 들린다.

나는 개인적으로 트라피스트 수도원에서 지낸 적이 몇 번 있다. 그곳의 수도자들은 인시에 일어나 독서 기도를 시작으로 아침 기도, 묵상, 미사 등을 3시간 이상 했다. 캄캄한 새벽에 기도하신 예수님을 본받아 기도하는 모습이 인상적이었다. 현세를 살면서도 마음만은 천상에 두고 있는 것 같았다.

예수님께서도 기도의 모범을 보이시며 하루의 일과가 시작되기 전에 아버지 하느님과 함께하는 시간을 가지셨다. 그런 뒤에 사람들을 만나고 가르치시며 기적을 행하셨던 것이다. 이는 그분께서 일상의 모든 것을 전적으로 아버지 하느님께로 향하고 계셨다는 의미이다. 그리스도인들에게 크나큰 모범이 되는 모습이다. 일상생활이 기도와 일치되고 조화가 이루어질 때, 이상적인 그리스도인의 삶이라고 할 수 있기 때문이다. 바로 이런 삶이 관상과 활동이 조화롭게 이루어진 모습이 아닐까.

8

예수님께서는 기도를 주셨다

네 복음서에는 예수님의 삶에서 있었던 중요한 사건이 기도와 연관을 맺고 있음을 언급하는 부분이 있다.

† 공생활을 시작하시기 직전 세례를 받으실 때 기도하시다(루카 3,21).

† 성령의 인도하심으로 광야에서 40일간 단식할 때 기도하시다(루카 4,1-3).

† 열두 사도를 뽑으시기 전, 밤을 새우며 기도하시다(루카 6,12).

† 빵의 기적을 이루신 후에 기도하시다(마르 6,46).

† 베드로가 예수님께서 메시아이심을 고백하기 이전에 기도하시다(루카 9,18).

† 영광스러운 모습으로 변모하실 때에 기도하시다(루카 9,29).

† 베드로가 당신을 모른다고 예고하실 때에 기도하시다(루카 22,32).

† 당신 자신을 위하여 기도하시다(요한 17,1-5).

† 겟세마니에서 기도하시다(루카 22,41-44).

† 십자가에 못 박히는 순간에 기도하시다(루카 23,33-48).

    이를 보더라도 예수님께서는 기도와 활동의 조화를 이루며 사셨음을 알 수 있다. 이런 예수님께서 기도를 가르칠 때는 어떻게 하셨을까? 우선 유다인들과 이방인들의 잘못부터 지적하셨는데, 특히 율법 학자나 바리사이들이 했던 기도 방식을 비판하셨다. 그들이 자주 사람들에게 보이기 위하여 길거리나 거리의 중앙에 서서 수시로 기도하였기 때문이다. "성구갑을 넓게 만들고 옷자락 술을 길게 늘인"(마태 23,5) 그들은 어디를 가나 존경받고 높은 자리를 탐했으며, 늘 사람들로부터 스승 소리를 듣기를 원했다(마태 23,1-36 참조). 그러므로 그 기도는 다분히 위선적이었다고 볼 수 있다.

    어느 날, 동료 신부들과 함께 식사를 하러 시내에 있는 식당에 방문했다. 바로 옆방에서 식사 전에 바치는 기도 소리가 들려왔다. 가만히 들어 보니 기도가 화려하면서도 멋이 있었다. 하지만 한편으로는 너무 허구적으로 느껴져 눈살이 찌푸려졌다.

    "우리 장로님과 그 가정에 주님의 은총이 강물처럼 철철 넘쳐흐르게 하옵시고, 하시는 사업마다 축복으로 이어지게 하옵소서. 그 자녀들에게는 용기와 희망을 주사 가는 곳마다 그들의 발걸음을 지켜 주시고, 다윗과 솔로몬처럼 지혜가 충만하여 하는 일마다 성공하게 하옵소서……."

기도문 하나하나만 보면 아름답게 느껴진다. 그런데 내 눈살이 찌푸려진 까닭이 무엇이었을까? 치프리아노 성인의 기도론은 겸양을 칭찬하고 수다스러움을 비판한다. "겸양하게 하느님께 드려야 하는 청원은 수다스럽게 지껄이지 말아야 합니다. 하느님께서는 목소리보다 마음의 소리를 들으십니다."(《성무일도》 Ⅲ, 연중 제11주일, 352쪽)

모든 것은 마음으로 통한다. 그러므로 하느님께서는 마음을 보신다. 간절히 드리는 기도, 마음속 깊은 곳에서 우러나오는 그 외침을 들으시는 것이다. 마음으로 호소하고, 빌며, 청하는 것이 올바른 기도이다. 종교 영화에 등장하는 배우들이 기도를 드리는 장면을 보면 참으로 아름답다. 하지만 그들은 진정으로 기도를 바치는 게 아니라, 연기를 하는 것뿐이다. 기도는 연기를 하는 것이 아니다. 기도는 마음의 외침이다.

이를 잘 보여 주는 예시가 사무엘기 상권에 나온다. 한나는 소리 내어 울부짖지 않고, 마음속 깊은 곳에서 솟아나는 격정을 억제하며 속으로 기도를 바친다. 그 마음을 보신 하느님께서는 대리자인 사제를 통해 확답을 주신다. "안심하고 돌아가시오. 이스라엘의 하느님께서 당신이 드린 청을 들어주실 것이오."(1사무 1,17) 예수님께서도 "너희는 기도할 때 골방에 들어가 문을 닫은 다음, 숨어 계신 네 아버지께 기도하여라. 그러면 숨은 일도 보시는 네 아버지께서 너에게 갚아 주실 것이다."(마태 6,6)라고 말씀하셨다.

기도의 신학을 논할 때 신학자들은 기도의 행위와 기도다움으로 나누어 설명하기도 한다. '기도의 행위act of prayer'는 마음이 없이 말만 하는 것이고, '기도다움prayerfulness'은 마음속 깊은 곳에서 우러나오는 기도를 말한다. 예수님의 가르침은 전적으로 기도다움에 있었다. 그러기에 일부 유다인의 잘못된 기도와 이방인들이 바치는 기도를 지적하셨다. 그들은 말을 많이 늘어놓아야만 신들이 복을 내리고 화를 면할 수 있다고 믿었던 모양이다. 이는 신을 이용하여 다른 이익을 추구하려고 하는 행동이다. 잘못된 방식의 기도는 법정에서 교묘하게 말을 꾸미는 변호사와 비슷하다고 할 수 있다. 이런 변호사는 사건 자체를 규명하기보다는 자신의 달변으로 재판장과 검사를 설득할 수 있다고 생각할 것이다. 그러나 유능한 법관은 이런 수법을 너무도 잘 알고 있기에 현혹되지 않는다. 주님께서는 이를 두고 다음과 같이 말씀하신다. "너희는 기도할 때에 다른 민족 사람들처럼 빈말을 되풀이하지 마라. 그들은 말을 많이 해야

들어 주시는 줄로 생각한다."(마태 6,7)

성숙한 그리스도인은 하느님의 뜻이 이루어지길 청하며 기도한다. "너희 아버지께서는 너희가 청하기도 전에 무엇이 필요한지 알고 계신다."(마태 6,8) 그러므로 이상적인 기도를 하려면 예수님의 기도 방식을 따라야 한다. 예수님께서는 일부 유다인 지도자들과 이방인들이 바치는 기도의 오류를 지적하신 후, 올바른 가르침을 주셨다. 그리고 자신 또한 그대로 기도하셨다. "아버지, 아버지께서 원하시면 이 잔을 저에게서 거두어 주십시오. 그러나 제 뜻이 아니라 아버지의 뜻이 이루어지게 하십시오."(루카 22,42)

이처럼 그분께서는 앞으로 닥칠 끔찍한 고통 앞에서 이를 거두어 달라고 간절히 청하셨다. 너무나 인간적이고 솔직한 기도이다. 그럼에도 아버지의 뜻이 우선적으로 이루어지도록 간청한 이 기도는 가장 훌륭한 기도의 모범이다. 달리 표현한다면, 예수님께서는 아버지 하느님께 사정하여 십자가의 죽음에서 구해 달라는 기복적인 기도는 하지 않으셨다.

하느님께서는 사랑이시다. 그러므로 우리가 마음을 다해 기도한다면 그분을 만나게 될 것이다. 바로 우리에게 있어서 최상의 가치는 하느님을 추구하는 것이어야 한다. 이런 면에서 기도는 하느님에 대한 열망이라 할 수 있다. 따라서 순수한 기도는 어떤 목적을 성취하기 위하여 기도하는 것이 아니라, 사랑이신 하느님을 체험하는 데 있다. 아우구스티노 성인의 표현을 빌리면 그것은 하느님을 '누리는frui 것'이지 '이용하는uti 것'이 아니다. 아우구스티노 성인은 "여러분은 부자가 되고 재정적인 손실을 막기 위하여 기도합니까? 그것은 기도이긴 하나 올바른 기도는 아닙니다."라고 하였다.

기도가 본질적으로 하느님을 열망하는 것이라면, 우리 안에 있는 사랑의 능력이 상승 작용을 하여 더욱 빛나게 드러나게 된다. 그리고 주변을 아름답게 비추게 될 것이다. 하느님에 대한 굳은 믿음과 희망을 지니고 사랑한다면 이러한 열망은 몇 배로 증가할 것이기 때문이다.

치프리아노 성인은 주님의 기도 해설에서 겸손한 마음으로 기도할 것을 강조하였다. 신자들이 사제와 함께 모여 거룩한 제사를 바칠 때 무질서하고 소란한 가운데 바치는 기도를 비판하였다. 그러면서 큰 소리로 소란스럽게 하는 게 아니라 겸손한 자세로 기도해야 한다고 가르쳤다. 성인은 성경에서 이런 식으로 간절히 기도드린 이들 중 특히 한나를 예로 들었다. 한나는 남편의 사랑을 받았으나 아이는 갖지 못했다. 한나는 절망적인 상황에서 성전을 찾아가 간절하고도 온 마음을 다해, 그리고 지극히 겸손한 자세로 하느님께 간청하였다. 하지만 이를 드러내어 말을 하지 않았다. 다만 인간의 마음을 보시는 사랑이신 하느님께 마음속으로 기도한 것이다. "한나는 속으로 빌고 있었으므로, 입술만 움직일 뿐 소리가 들리지 않았다."(1사무 1,13)

아우구스티노 성인은 열망이 식으면 기도는 잠에 빠진다고 했다. 이처럼 열망이 식은 상태에서 기도문을 외우거나 전례 행사에 참여하는 것은 올바른 경신덕敬神德이 아니다. 가장 좋은 기도 방식은 조용하고 은밀한 곳에서 하느님께 마음을 드리는 것이다. "너는 기도할 때 골방에 들어가 문을 닫은 다음, 숨어 계신 네 아버지께 기도하여라. 그러면 숨은 일도 보시는 네 아버지께서 너에게 갚아 주실 것이다."(마태 6,6)

아시시의 프란치스코 성인은 친구와 한 방에서 잠을 잘 때에도, 그가 잠들기를 기다렸다가 조용히 기도를 바쳤다고 한다. 친구도 잠든 척하며 프란치스코 성인을 지켜보고 있었는데, 무릎을 꿇고 두 손을 모은 채 간절히 기도드리는 그 모습에 감명을 받았다는 일화가 전해진다.

기도가 하느님에 대한 열망이라고 한다면, 이는 마음을 위로 들어 올리는 것이다. 마음이 없는 기도는 거짓이다. 마음에서 나오는 순수한 지향! 바로 이것이 순수한 기도다. 우리는 기도로서 사랑이신 하느님과 만나고, 그분과 대화를 나누게 된다. 이런 기도는 '독백monologue'이 아니라 '대화dialogue'이다. 좋으신 하느님을 찬미하고 감사드리며, 용서를 청하고 은총을 청하는 사랑의 대화가 되기 때문이다. 그래서 신학자들은 지상에서의 삶이 끝난 다음 천국에서 하느님을 직접 대면하는 것을 '지복직관(至福直觀, visio beatifica)', 복 자체이신 하느님을 바라봄이라고 한 것이다.

9

예수님께서 가르쳐 주신 기도, '주님의 기도'

　주님의 기도는 예수님께서 직접 알려 주신 기도이다. 마태오 복음서와 루카 복음서 간에 약간의 차이가 있지만, 교회는 전통적으로 청원의 수를 모두 일곱 가지로 정하고 있다. 아우구스티노 성인은 치프리아노 성인이 쓴 주님의 기도 해설을 참조하여 영원한 생명을 얻기 위해 일곱 가지 청원을 드리면 영원한 생명의 길에서 멀어지지 않는다고 가르쳤다. 이 지상의 교회, 즉 '싸우는 교회Ecclesia militans'에 속하는 우리는 영원한 생명을 향한 실향민이다. 교회는 하느님으로부터 멀어진 세속과 유혹을 이기려는 투쟁을 늘 해야 하므로 투쟁하는 교회인 것이다. 이 세상은 잠시 지나가는 정거장에 불과하다. 그러기에 우리는 본고향Patria을 향해 나아가는 여행자homo viator이다. 본고향에 대한 열망을 지닌 그리스도인은 예수님께서 주신 이 기도를 바치고 묵상하며 영원한 생명을 향해 나아갈 뿐이다. 주님의 기도에서 앞부분의 청원 셋은 직접적으로 하느님께 관한 것이며, 뒷부분의 넷은 이 세상을 살아가는 우리를 위한 청원으로 되어 있다. 이에 관해 자세히 알아보도록 하자.

1) 하늘에 계신 우리 아버지

말을 배우기 시작하는 어린아이는 제일 먼저 "엄마, 아빠."를 부른다. 이처럼 그리스도인들 역시도 사랑이신 하느님을 아버지라고 부른다. 하느님께서는 절대자, 창조주, 전능하신 분, 인간의 생사를 온전히 주관하시는 분이시다. 세례성사로서 하느님의 자녀가 된 이들만이 아니라, 모든 사람은 누구나 하느님을 아버지로 부를 수 있다.

주님의 기도를 바치면서 조용히 "아버지."라고 정답게 부르면 나를 한없이 사랑하시는 아버지의 마음을 느낄 수 있다. 그러면 세상에서 가장 큰 것을 얻는다는 뿌듯함을 느끼게 될 것이다. 이는 돈과 명예보다도 훨씬 귀한 영원한 생명을 보장받는 것이다. 아버지의 존재만으로도 든든함을 느낄 때가 있다. 오랫동안 집을 비웠던 아버지가 돌아오자마자 허전하던 집안이 꽉 찬 것처럼 느껴지는 것처럼 말이다. 그만큼 아버지는 존재만으로도 자녀들에게 안정감을 준다. 주님의 기도를 바칠 때도 마찬가지이다. 내게 하느님 아버지가 계신다는 것만으로도 안정감을 느끼고, 영원한 생명에 대한 희망을 가지게 된다. 물론 하느님을 아버지로 부르는 것에 어려움을 겪는 이들도 있다. 어릴 때부터 아버지에 대한 증오심을 가졌던 경우가 그러하다. 그러나 하늘에 계신 아버지는 우리를 사랑하시며 만사를 선으로 이끄신다. 또한 악인에게나 선인에게나 빛을 비추시고, 철따라 만물을 소생시키는 자비하신 분이시다. 무엇보다도 나를 있는 그대로 받아 주시며 용서해 주신다. 이런 가르침을 깨닫는 데는 많은 시간이 걸린다. 그분의 현존을 느끼며 "하늘에 계신 우리 아버지"라고 부를 때, 더없는 행복을 느낀다면 어느 정도 신앙의 경지에 이르렀다고 볼 수 있다.

로욜라의 이냐시오 성인은 묵상 기도 방법을 다음과 같이 제시한다. 하느님의 현존을 머리에 떠올리면서 지금 나를 지켜보시는 그분 앞에 나 자신을 드러내고, 겸손한 자세로 존경과 겸손의 표시를 하는 것이다(《영성 수련》 75장 참조). 이는 사랑이신 하느님 아버지의 현존에 대한 신심을 강조하고, 그 현존 안에서 묵상 기도를 바치는 행위이다. 그러기에 하느님을 아버지로 부르는 이들은 든든한 지지자에게 자신을 맡기는 것과 같다. 이는 각자의 인생 경험을 돌이켜 보면 잘 알 수 있다. 나는 베트남 전쟁에 파병되어 참전했었는데, 그때 의지할 곳이라고는 오직 하늘에 계신 아버지 한 분뿐이었다. "어둠의 골짜기를 간다 하여도 재앙을 두려워하지 않으리니 당신께서 저와 함께 계시기 때문입니다."(시편 23,4)라는 시편의 기도 그대로였다. 지금까지도 그 사지에서 살아남아 사제가 된 것은 오로지 하느님 덕분이었다고 확신한다. 또한 이민 생활에서 믿을 분은 오직 하느님뿐이었다고 고백하는 신자들도 많이 만났다. 재정적으로도 넉넉하지 않고, 여러 가지 일을 한꺼번에 하는 고된 삶을 살면서도 오로지 하느님께 믿음을 두었던 것이다. 그래서 "하늘에 계신 하느님께서는 나의 든든한 보호자이십니다."라고 말할 수 있었다고 했다. 마치 이스라엘인들이 파라오의 학정에서 자신들을 보호해 주시고, 젖과 꿀이 흐르는 약속의 땅에 대한 희망을 제시해 주신 위로의 하느님을 믿었던 것처럼 말이다. 그래서 "너희는 마치 사람이 제 아들을 업고 다니듯, 주 너희 하느님께서 너희가 이곳에 다다를 때까지 걸어온 그 모든 길에서 줄곧 너희를 업고 다니시는 것을 광야에서 보았는데, 그 광야에서도 그렇게 싸워 주셨다."(신명 1,31)라는 말씀을 읽을 때, 이 의미를 실감한다고 했다.

주님의 기도에 나오는 하늘(οὐρανός)은 장소적 개념이 아니다. 인간은 막연히 하느님을 위에 계시는 분으로 여겨 왔다. 하늘이 너무나 높고 광대하기 때문일 뿐 아니라, 지극히 높으신 하느님께서 위에 계신다고 믿었을 것이다. 미사 통상문에도 "마음을 드높이!"라는 전례문이 있지 않은가? 구약 성경에 나오는 하늘은 우리의 눈으로 볼 때는 비과학적인 것으로 보인다. 창세기 창조 설화에 나오는 하늘은 지극히 높은 곳에 있다. 히브리어 '샤마임שמים'은 복수형으로서, 물의 장소 또는 높은 하늘의 대양大洋을 의미한다. 구름 위에 있는 하늘은 원형천정圓形天井으로 해와 달과 별 등이 자리를 잡고 있다. 그리고 그 위에 하느님께서 계시는 것으로 되어 있다. 이곳은 예수님께서 하늘에서 내려오시고, 부활 후에 승천하신 곳이기도 하다. 또 천사들도 여기에 있다.

성경이 기록되던 시대의 이스라엘인들은 하늘은 둥글고, 땅의 위와 아래는 물로 덮여져 있다고 여겼다. 하느님께서 그 물들을 하늘 위와 땅 아래로 갈라 놓으셨고, 하늘에는 문이 있어 문을 여시면 비나 눈, 우박이 떨어져 내린다고 여겼다. 그리고 땅 아래의 물속에 있는 기둥이 우리가 살고 있는 지구를 떠받치고 있다고 생각했다. 현대인들이 보기에는 다소 황당무계해 보일 수 있으나, 기원전 6세기 이전에는 훌륭한 우주관으로 여겨져 왔다.

단테 알리기에리가 쓴 《신곡》은 지옥편, 연옥편, 천국편으로 나뉜다. 이 책에는 주인공 단테가 베르길리우스의 안내로 지옥, 연옥을 방문하고, 소싯적에 사랑했던 여인 베아트리체와 천국을 여행하는 장면들이 상세히 묘사되어 있다. 단테는 하늘나라를 여러 등급으로 나누어 소개한다. 적극적으로 선행을 한 영혼들이 머무는 월천을 시작으로, 천사들과 축복받은 영혼들이 거하는 지고천이 제일 높은 하늘이다. 지고천은 마지막 단계이며 아름다운 장미로 장식되어 있다. 6세기의 위 디오니시오의 《천계론》에서는 하늘의 천사들을 아홉 등급으로 나누었는데, 하느님께서 좌정하신 옥좌와의 거리가 멀고 가까움에 따라 등급을 매겼다. 그리고 하늘 가장 높은 곳에 계시는 하느님을 최대로 영화롭게 묘사했다.

고대 우리나라 중국의 천 사상天思想을 보면, 하늘을 자연법칙의 근원으로 여기기도 했지만 상제上帝로 여기기도 했다. 초자연적인 지고至高의 인격신으로 만물을 주재하는 분으로 여긴 것이다. 공자는 《논어》에서 '천'을 도덕규범의 근원으로 이해하여 "하늘이 내게 덕을 주었다."라고 논할 정도였다. 후대에 와서 발전한 성리학의 대가 주자는 "하늘이 사람과 만물에 부여하는 것은 명命이고 사람과 만물이 받는 것은 성性이다."라고 하여 하늘을 도덕규범으로 이해했다. 그래서 이 사상에서 천명을 따른다는 이론이 자연스럽게 발전했다.

우리 민족의 시조인 단군왕검의 이야기에 나오는 '환인'과 '환웅'이라는 천신 개념은 다분히 종교적이다. 그는 이 세상을 주관하는 절대적 존재로 등장한다. 그래서 우리나라 사람들의 사고에는 물리적인 하늘만이 아니라 인격적인 절대자로서의 관념이 뚜렷하다고 볼 수 있다. 억울한 일을 당할 때 "하늘이 내려다본다."라고 말한다거나, 어떤 일을 두고 "하늘도 무심하시지."라는 표현들은 모두 인격적 존재로서의 절대자 하늘을 의미하는 표현들이다. 선현先賢들의 가르침 중에도 하늘을 인격신으로 본 글들이 많다. 《명심보감》의 첫 문장에도 "순천자順天子는 흥興하고, 역천자逆天子는 망亡한다."라고 되어 있다.

성경의 하느님께서는 저 높은 곳에만 계시는 엄위하신 분만이 아니라, 내 안에 계시는 지극히 좋으신 분이시며 우리 아버지이시다. 하느님께서는 내 마음 깊은 곳에 현존하시기에 주님의 기도를 진심으로 바칠 때, 그분을 내 마음속 깊은 곳에서 만날 수 있다. 아우구스티노 성인은 "제 안에 님이 계시거늘 저는 밖에서, 제 밖에서 님을 찾았나이다."(《고백록》, 제10권 27장)라고 고백하기도 했다. "우리 하느님께서는 하늘에 계신"(시편 115,3) 분이시며, 시공을 초월하여 계신다. 그래서 시편 저자는 이렇게 노래한다. "제가 하늘로 올라가도 거기에 당신 계시고 저승에 잠자리를 펴도 거기에 또한 계십니다. 제가 새벽 놀의 날개를 달아 바다 맨 끝에 자리 잡는다 해도 거기에서도 당신 손이 저를 이끄시고 당신 오른손이 저를 붙잡으십니다."(시편 139,8-10)

하늘이란 하느님께서 당신의 거처로 삼으시는 거룩한 곳이므로, 의인들의 마음도 여기에 닿아 있다. 누구나 의인이 되면 하느님을 마음속 깊은 곳에 모시게 된다. 이는 신학자들이 말하는 성삼의 내주(內住, indwelling of the Trinity) 현상이다. 삼위일체이신 하느님께서 내 안에 거주하시므로 이보다 더 좋은 일이 있을 수 없다. 이때는 성 바오로 사도처럼 "아빠, 아버지"(로마 8,15)라고 사랑을 다해 외치게 되며, "이제는 내가 사는 것이 아니라 그리스도께서 내 안에 사시는 것입니다."(갈라 2,20)라고 자신 있게 고백할 수 있을 것이다. 따라서 영적 존재인 하느님을 만나 뵙지 못할 곳은 아무 데도 없다. 언제든지 마음을 그분께로 향하기만 하면 된다.

나는 약 6년 동안 카르투시오회 수도자들에게 신학을 가르치며 인연을 맺고 지냈다. 그러나 오히려 늘 고독 속에서 지내면서 하느님을 찾는 그들이 나의 스승이라는 생각을 하였다. 이처럼 마음속 깊은 곳에서 하느님을 만나면 마음이 정화되어 감을 느끼게 된다. 마음에 자리 잡았던 악의와 불의가 조금씩 눈 녹듯이 사라짐을 느끼면 일단 영성 생활의 시작이 성공적이라고 할 수 있다. 이런 체험을 하면 이제까지 하느님을 대신했던 온갖 우상은 설 자리를 잃게 된다. 하느님께서 우리 각자의 마음속에 현존하시기 때문이다. 빛과 어두움은 함께할 수 없고, 전능하시고 거룩하신 하느님께서 내 안에 계시는데 죄악이 공존할 수 없다. 이때 철학자 블레즈 파스칼처럼 "아브라함의 하느님, 이사악의 하느님, 야곱의 하느님"(마태 22,32)을 실감나게 체험할 수 있지 않을까? 파스칼은 하느님 체험을 한 뒤로 이 말씀을 종이에 적어 자주 꺼내 보았다고 한다. 위대한 철학자도 별 게 아니다. 하느님을 찾아 그분을 사랑하면 모두 위대한 철학자와 신학자가 되는 것이다.

하느님의 현존을 깨닫게 되면 세상을 보는 눈도 달라진다. 좋으신 아버지 하느님께서 이 모든 것을 창조하셨고, 계속해서 창조해 나가신다는 걸 깨달았기 때문이다. 아시시의 프란치스코 성인처럼 태양을 나의 형으로, 달을 나의 누이로 볼 수 있는 아름다운 마음과 눈을 가질 수 있는 것이다. 그리고 불의와 죄악을 피하고, 사랑이신 하느님께 가까이 나아간다. 아버지 하느님께서는 "너그럽고 자비하신 분, 분노에 더디시고 자애가 많으신 분"(느헤 9,17)이시다. 그러므로 그분을 "아빠, 아버지"로 부르면서 다가가는 이는 누구나 자애로운 사랑을 받을 수 있다. 성령의 은사에 취한 이들은 쉽게 하느님을 "아빠, 아버지"라고 부른다. 얼마나 감미로운 칭호인가? 이런 신자에게는 더 이상 두려움이 있을 수 없다 "사랑에는 두려움이 없습니다. 완전한 사랑은 두려움을 쫓아냅니다."(1요한 4,18)라고 했던 성 요한 사도의 말 그대로이다. 그러면 아버지 하느님께서는 이런 이들에게 "내 자녀들아, 네 마음을 내게 다오."라고 말씀하신다. 그리고 그의 마음에 하느님의 법이 새겨진다. 이는 사랑의 계약이 되어 마음속 깊은 곳에 생생하게 박힌다. 사랑이신 하느님을 바라보면서 복된 즐거움을 누릴 준비가 된 것이다.

혹시 지금 어려움에 빠져 있다면 "하늘에 계시는 아버지" 하고 불러 보라. 마음의 번민과 무거운 짐이 한결 가볍게 느껴질 것이다. 그분께서는 인간을 무척이나 사랑하시는 아버지이시기 때문이다. 교회는 성경에 바탕을 둔 하느님을 완전하신 분, 영원하시고 전능하시며 전지하시고 전선全善하시며 공의公義하신 분이라고 가르친다. 무엇보다도 하느님께서는 사랑이시며, 만민의 아버지이시기에 인류 전체를 하나의 가족 공동체로 보며 보편적인 사랑을 지니도록 가르친다. 그래서 하느님을 우리 아버지로 부를 때, 모든 인류는 모두 형제자매가 되는 것이다.

따라서 주님의 기도를 진실로 바치는 이들은 만민을 사랑하는 보편적인 인류애를 지니게 된다. 물론 보편적인 인류애는 쉽지 않다고들 한다. 그러나 그리스도인들은 보편적인 한 분 아버지를 모시는 신앙인답게 모든 이를 차별 없이 대하도록 해야 할 것이다. 크나큰 지구촌 안에서 보편적 인류애를 실천하는 게 가능하냐고 묻는 이들도 있다. 그럼에도 우리는 그리스도인이기에 이를 실천하기 위해 노력해야 한다. 그래야 진실로 주님의 기도를 바칠 수 있으리라. 인간의 힘만으로는 불가능하게 보이지만 하느님의 도우심이 있다면 가능하다. 그러므로 온 인류를 사랑할 수 있는 넓은 마음을 주시도록 청해야 하는 것이다.

2) 아버지의 이름이 거룩히 빛나소서

두 번째 청원은 "아버지의 이름이 거룩히 빛나소서."이다. 하느님께서는 거룩하신 분이시므로 그분의 이름은 빛나야 한다. 하느님께서 이 우주를 창조하신 목적은 보나벤투라 성인의 말처럼 그분의 영광을 드러내고 나누기 위함이다. 제1차 바티칸 공의회의 가르침대로 하느님께서는 창조하신 피조물들에게 부여한 선으로서 당신의 완전하심을 온 우주에 드러내시기 위해 온전한 자유로 무無에서 모든 것을 창조하셨다creatio ex nihilo. 그러므로 피조물인 우리는 거룩하신 그분을 두루 알려야 한다. 일부 유다인들은 "그들은 가는 곳마다 나의 거룩한 이름을 더럽혔다."(에제 36,20)라는 말씀 그대로 악행으로 주님의 거룩한 이름을 더럽혔다. 그들은 결국 바빌론으로 끌려가고, 종국에는 나라를 잃고 방황하는 신세가 되고 말았다. 그러기에 "돌아오라, 이스라엘아!"라고 외친 예언자들의 부르짖음은 회개하여 하느님의 이름을 거룩하게 하라는 의미로 볼 수 있다.

로욜라의 이냐시오 성인은 하느님의 영광을 위하되, 적당히 위하는 것이 아니라 '더 큰 영광을 위하여ad majorem Dei gloriam'라고 했다. '크다magnus'는 형용사에 비교법을 사용하여 '더 큰major' 또는 '보다 큰'이라고 한 것이다. 하느님께서 어떠한 분이신지를 알면 알수록 그분의 거룩한 이름聖名을 더욱더 알리고 빛나게 하겠다는 의지가 생기지 않겠는가.

우리나라 사람들은 부모나 조부모의 이름을 함부로 부르지 않는다. 그래서 어른의 이름을 부를 때 한 자씩 떼어 부르며, 부모에 대한 경외심과 효성을 드러낸다. 하물며 지존하신 하느님의 거룩한 이름을 함부로 부를 수 있겠는가? 유다인들은 하느님의 이름인 '야훼'를 절대로 부를 수 없었다. 그래서 '아도나이'라고 불렀으며, 1년에 단 한 번 대사제가 지성소에 들어갔을 때만 야훼라고 한 번만 부를 수 있었다. 그러므로 주님의 기도를 바치는 이들은 그분의 이름을 욕되게 하지 않아야 한다. 하느님의 이름을 함부로 부르거나 불경스럽게 하는 말을 들을 때가 있다. 거룩한 미사를 따라하여 흑미사를 지내는 무리나, 사탄에게 제물을 바친다며 수도자를 살해하는 죄, 하느님의 이름으로 "빌어먹을God damn" 같은 욕을 쓰는 행위 등이 그러하다. 바로 그런 이들의 회개를 위해서도 기도하는 것이 중요하다.

  하느님의 이름을 거룩하게 하는 이들은 그분을 찬미하는 기도를 자주 바친다. 기도를 노래로 바치면 그 은총이 두 배가 된다고들 한다. 이처럼 성가로서 하느님을 찬미드릴 때, 그분을 더욱더 영광스럽게 할 것이다. 성령 기도를 하는 이들은 찬미 기도를 잘 하는 편이다. 어떤 이들은 특별한 은사를 받아, 인간의 부족한 언어로는 위대하신 하느님을 마음껏 찬미드릴 수 없어 영가로 찬미를 드리기도 한다. 그들과 마음을 합치해 보면 너무나 아름답다.

  구마 기도를 하는 이들은 부마자 앞에서 찬미 기도를 오래 하다 보면 저절로 치유되는 현상들을 볼 때가 있다고 한다. 악령들은 하느님의 이름을 싫어하기에, 부마자 앞에서 성가로 하느님을 찬미하다 보면 견디지 못하고 사라져 버리는 것이다. 악령이 다소 권능을 행사한다 하더라도 하느님과 비교될 수 있겠는가? 전능하신 그분 앞에 온갖 부정과 불의는 사라지기 마련이다. 그러므로 "아버지의 이름이 거룩히 빛나소서."라는 기도를 자주 드릴수록 도움이 되는 것이다.

구약 성경의 시편은 속죄, 구은 등의 내용도 있지만 하느님 찬미가 주를 이룬다. 이를 자주 읽고 기도를 바치는 것은 참으로 아름다운 신심 행위이다. 사제들과 수도자들이 하는 시간경은 거의 모두 시편으로 되어 있다. 어느 종교를 막론하고 기도들은 대개 아름다운 시로 되어 있다. 공자도 시경 삼백 수의 내용을 요약한다면 이는 마음에 사악한 생각이 없다는 구절, 즉 '사무사思無邪'라고 하였다. 하물며 하느님의 말씀이 기록되어 있는 성경의 시편이야말로 그 의미가 얼마나 깊고 풍부하겠는가.

또한 이 청원은 첫 번째 청원의 내용과 마찬가지로, 우리가 하느님께 가까이 나아가지 못하게 방해하는 것들을 없애 주시길 청하는 기원도 저절로 우러나오게 됨을 알 수 있다. 이러한 기원은 우리를 그분께 충성과 효성을 드리는 가장 합당한 자녀가 되겠다는 결심으로 이어지게 한다. 이를 달리 표현한다면 완전한 그리스도인이 되겠다는 원의로 볼 수 있다. 이는 신학에서 말하는 완덕(完德, perfectio)으로의 지향이다. 합당한 자녀 또는 완전한 그리스도인이란 이상적으로 말해서 "하늘의 너희 아버지께서 완전하신 것처럼 너희도 완전한 사람이 되어야 한다."(마태 5,48)라고 하신 말씀을 실천하는 것이 아니겠는가? 이를 신학에서는 성성(聖性, sanctitas)으로 불린 인간이라고도 한다. 성경의 원문을 보면 예수님의 그 말씀은 권고가 아니라 명령이다. "너희도 완전한 사람이 되어야 한다(Εσεσθ υμεις τελειοι)."(마태 5,48)라는 말씀은 권고가 아니고 명령이다. 그래서 예수님의 제자가 되려고 그분을 따라나선 이들은 완덕完德을 지향한다. 성 바오로 사도는 이를 하느님의 뜻이라고 보았는데, 우리 모두 거룩한 사람이 되라는 의미로 이야기한 것이다. "하느님의 뜻은 바로 여러분이 거룩한 사람이 되는 것입니다."(1테살 4,3) '거룩한 사람이 되는 것'은 성인이 되고자 하는 거룩한 욕망이다. 중도에 포기하는 이들도 없지 않겠으나 꾸준히 원하고 추구함으로써 언젠가는 이룰 수 있으리라는 희망으로 살아가는 이들도 많다. 토마스 아퀴나스 성인은 "원함으로써optando" 이룰 수 있다고 가르쳤다. 원의를 죽이지 않고 꾸준히 추구함으로써 이룰 수 있는 것이다.

모든 사람은 완전함을 추구한다. 피아니스트는 완벽한 연주를 하길 원하고, 야구 선수는 늘 홈런이나 안타를 치거나 완전히 투구하려고 노력한다. 이처럼 누구든지 자기의 분야에서 최고의 경지에 오르고자 한다. 인간은 본성상 완전을 지향한다고 한다. 그러므로 완전하다는 의미는 어떤 일에서 부족함이나 흠이 없이 이루어 내는 것을 말한다. 영성 생활에서도 마찬가지이다. 완덕의 모범이신 예수님을 본받고자 노력하여 뛰어난 덕행들을 쌓아 인간으로서 가히 완벽하다고 할 만한 경지에 이르는 것이다. 그래서 나약한 인간의 본성을 딛고, 자신의 노력과 하느님 은총의 도움으로 이 유혹들을 잘 이겨 내어야 한다. 또한 죄악의 근원이자 악습을 일으키는 원인인 칠죄종(교만, 인색, 질투, 분노, 음욕, 탐욕, 나태)을 극복하며 극기로서 십자가와 부활의 신비를 열심히 살아가는 그리스도인이 되어야 한다. 이때 완덕에 이르게 된다. 인간의 성화는 하느님을 영광스럽게 한다. 하느님 아버지의 거룩한 이름을 영광스럽게 하는 이들은 자신의 성화로서 최고 경지에 오르는 것이다. 그러기에 우리는 하느님을 위해서라면 목숨까지도 바칠 수 있는 믿음과 사랑을 지니고, 그분의 이름을 영광스럽게 드러내기 위해 최선을 다해야 한다.

3) 아버지의 나라가 오소서

눈앞에 놓인 현실을 바라보면 이 세상이 너무나 부조리하게 느껴질 때가 있다. 전쟁, 굶주림, 전염병, 이상 기온, 인종 차별 같은 모습을 볼 때면 하느님께 이러한 부조리를 하소연하게 된다. 그러므로 "아버지의 나라가 오소서."라고 간절히 기도하지 않을 수 없는 것이다.

묵상 기도 방법은 다양하지만 그중의 하나인 로욜라의 이냐시오 성인의 묵상 방법은 하느님의 현존에서 시작한다. 《영성 수련》 부칙 3을 보면, "관상이나 묵상을 할 곳에서 한두 발짝 앞에 나가서서 주님의 기도를 바칠 만한 시간 동안 생각을 위로 올려 우리 주 하느님께서 나를 어떻게 보고 계시는지 등을 생각한다."라고 되어 있다. 즉 하느님의 현존 안에서 기도를 시작하라는 가르침이다.

하느님 나라는 하느님의 영역이나 통치를 의미한다. 예수님의 오심으로 하늘나라는 이 세상에 이미 왔지만 아직 완성되지 않았다. 그러므로 우리는 그 나라가 하루 빨리 완성되기를 고대한다. 성경에서 예언자들은 하느님 나라가 확실히 올 것이라고 가르치는데, 새 하늘과 새 땅이란 표현이 이를 나타낸다. 예언자들은 새 하늘과 새 땅이 도래하는 그날을 아름다운 필치로 노래하였다. 이사야 예언자는 늑대와 새끼 양이 어울리고, 사자가 소처럼 여물을 먹으며 젖먹이가 독사 굴 위에서 장난하는 날이 올 것이라고 하였다(이사 11,6-8 참조). 또한 "칼을 쳐서 보습을 만들고 창을 쳐서 낫을 만들리라. 한 민족이 다른 민족을 거슬러 칼을 쳐들지도 않고 다시는 전쟁을 배워 익히지도 않으리라."(이사 2,4)고 노래하였다.

하느님 나라는 부정적인 요소와는 함께할 수 없다. 그중에서도 모든 것을 파괴하는 전쟁은 결코 용납될 수 없다. 지역이나 종족 간의 분쟁도 전쟁의 범주에 속하지만, 가장 심각한 문제는 그리스도교 세계와 이슬람 세계 사이에 벌어지고 있는 불신과 갈등이다. 일부 미래학자들이 예견하는 것처럼 이 세상에 일어날 마지막 큰 전쟁은 종교를 빙자한 두 집단의 전쟁이 아닐까 우려되기도 한다. 그러므로 세상에서 벌어지고 있는 크고 작은 전쟁들이 종식되기를 기원하며 "아버지의 나라가 오소서."라고 기도해야 한다.

이렇게 간절히 기도하다 보면 '나는 하느님 나라에 들어가기 위한 준비를 잘하고 있는가?'라고 묻게 된다. 예수님께서는 하느님 나라의 도래와 그 나라에 들기 위한 제일 큰 조건을 '회개'라고 하셨다. "때가 차서 하느님의 나라가 가까이 왔다. 회개하고 복음을 믿어라."(마르 1,15) 그동안의 나의 죄를 진정으로 뉘우치고 하느님께로 돌아갈 때, 진실한 회개가 이루어진다. 그리고 한 단계 높여 자기희생 등을 실천하며 살아가면 일상에서도 하느님의 통치하심을 체험하게 된다. 그러므로 "아버지의 나라가 오소서."라고 진정으로 기도한다면, 이는 신앙인답게 살아가도록 청하는 기도가 되어야 할 것이다. 또한 내가 속한 크고 작은 공동체 안에서 하느님의 통치하심이 드러나기 위해서는 포기와 양보, 희생정신이 요구된다. 이러한 노력으로서 사랑의 꽃이 피고 열매 맺는 이상적인 공동체가 될 것이다.

예수님께서는 하늘나라에 관한 여러 가지 가르침에서 이를 밭에 묻혀 있는 보물이나 진주에 비유하기도 하셨다(마태 13,44-46 참조). 비유에 나오는 사람은 보물이 묻혀 있는 밭을 사기 위하여 자신이 가진 모든 것을 판다. 더 큰 것을 얻기 위하여 작은 것을 포기하는 것이다. 여기에 참지혜가 있다. 이 지혜란 세상이 보기에는 어리석은 것처럼 보이나, 실은 영원을 향한 결단이며 하느님께서 보시기에는 충성과 효성의 표시이다. 그러므로 그 포기의 대가로 하느님께서 의롭게 여기시는 것, 곧 성덕을 꽃 피워 열매를 맺게 되는 것이다. 예수님께서는 이런 이들이 의인으로 인정받아 "해처럼 빛날 것이다."(마태 13,43)라고 하셨다. 반대로 그 나라를 받아들이지 못하고 제 마음대로 살아가는 사람들은 불구덩이에 떨어져 울며 이를 갈 것이라고 하셨다(마태 13,50 참조). 또 하늘나라를 겨자씨와 누룩의 비유로 설명하셨다. 아주 작은 겨자씨가 큰 나무로 자라 하늘의 새들이 와서 깃들인다고 하셨으며, 누룩이 빵 반죽을 부풀어 크게 한다고 말씀하셨다. 이는 개개인이나 단체에 하느님 말씀의 씨앗이 떨어져 자라면, 하느님의 통치하심이 서서히 영향을 발휘한다는 뜻이다. 이는 그분의 신비를 드러내는 작용을 하게 된다. 그물의 비유는 다분히 상선벌악의 원칙을 암시한다. 그물 속에는 여러 가지 크고 작은 고기들이 걸려든다. 어부는 작은 고기는 버리고 큼직한 것만 그릇에 담아 간다. "세상 종말에도 그렇게 될 것이다."(마태 13,49) 천사들이 나타나 악인과 선인을 가려내어 착한 이는 하늘나라로, 악한 이는 불구덩이로 던져 버릴 것이라는 가르침은 우리에게 두려움을 주지 않는가?

암브로시오 성인의 작품으로 알려진 '사은 찬미가 Te Deum'는 주일과 대축일의 시간경 때 바치는 기도로, 이 세상의 주인이신 하느님을 찬미하는 내용으로 이루어져 있다. 이를 그레고리오 성가로 노래한다면 그 의미가 색다르다. 특히 이른 아침에 〈임하소서 성령이여 Veni Sancte Spiritus〉와 〈테 데움 Te Deum〉을 그레고리오 성가로 노래할 때 특별함이 더해진다. 세상의 주인이신 하느님을 찬미하고, 천상의 천사들과 성인들과 함께할 수 있도록 청하는 마음속의 염원은 아우구스티노 성인의 표현처럼 '마음을 드높이 cor sursum' 한다. 이는 "저희도 성인들과 한몫에 끼어 영원토록 영광을 누리게 하소서. 나날이 주님을 기리는 저희들, 세세 대대 주님 이름 기리 오리이다Aeterna fac cum sanctis tuis in gloria numerari …… Per singulos dies benedicimus te; et laudamus nomen tuum in saeculum, et in saeculum saeculi."라는 부분에서 절정에 이른다.

내가 옛날에 즐겨 들었던 〈더 세인트The Saints〉라는 노래가 있다. 이 노래는 미국 루이지애나주의 전통 장례 의식 중에 자주 쓰였다고 한다. 가사 중 일부는 이러하다. "오 성인들이 행진할 때. 오 성인들이 행진할 때. 주여, 나도 그들과 함께하고 싶나이다. 성인들이 행진해 들어갈 때……."

성인들이 행렬할 때, 우리도 그 대열에 들 수 있도록 청하는 내용이다. 2, 3절도 해와 달이 떨어질 때도 성인들과 함께하고 싶다고 말하며, 주님께 도우심을 간절히 청하는 내용으로 이루어져 있다. 그래서 이 노래를 들을 때면 이 세상을 떠나 사심판을 받으러 가는 고인의 명복과 함께, '오늘은 나에게Hodie mihi, 내일은 너에게 cras tibi 죽음이'라는 말이 자연스레 떠오른다.

이 세상은 너무도 아름답다. 그러나 우리는 여기에 머무르는 데에서 그치지 않고, 영원한 하느님 나라를 향하여 나아가야 한다. 바로 이렇게 할 때, 영원을 볼 수 있는 눈을 가질 때 참지혜를 얻지 않을까? 그러므로 "모든 것은 지나간다Omnia transeunt."는 영성의 원리를 자주 묵상하면서 이를 되새겨야 할 것이다.

4) 아버지의 뜻이 어디에서나 이루어지소서

이 청원은 "아버지의 뜻이 하늘에서와 같이 땅에서도 이루어지소서."이다. 아버지의 뜻은 곧 하늘의 뜻이다. 이는 우리에게도 친숙한 개념이다. 우리 선조들은 하늘의 뜻, 즉 '천명天命'을 중요시하였다. "임금은 하늘이 낸다."라고 하거나, "하늘의 뜻이라면 기꺼이 받아들이겠다."라는 표현에서 이러한 점이 잘 드러난다. 도道의 길로 나아가는 이들은 천명이 아니면 어떤 것도 감히 시도하지 않았고, 최선을 다해 노력한 이후에는 '진인사대천명盡人事待天命'이라 하여 하늘의 뜻에 맡겼다. 맹자도 '막비명야 순수기정莫非命也 順受其正'이라 하여 하늘의 뜻을 중시했다. 토마스 아 켐피스의 《준주성범》 19장에는 인간의 의도가 원하지 않는 곳으로 갈 때, "인간은 제안하지만 하느님께서 처리하신다Homo proponit, sed Deus disponit."라는 구절이 나온다. 이는 구약 성경의 잠언 말씀을 상기시킨다. "사람의 마음속에 많은 계획이 들어 있어도 이루어지는 것은 주님의 뜻뿐이다."(잠언 19,21)

그렇다면 예수님께서 아버지 하느님께 이루어지도록 기도드린 그 뜻이란 무엇일까? 여러 가지 측면에서 논할 수 있겠지만 무엇보다 성경의 가르침에서 그 의미를 찾아보자.

성경을 보면 하느님께서는 의지를 가지고 모든 일을 행하시는 것을 알 수 있다. 이러한 하느님의 뜻은 "'빛이 생겨라.' 하시자 빛이 생겼다."(창세 1,3)라는 말씀이나, "우리와 비슷하게 우리 모습으로 사람을 만들자."(창세 1,26)라는 부분에서 드러난다. 시편 저자는 하느님의 뜻을 반기고 즐겨 행하였다. "저의 하느님, 저는 당신의 뜻을 즐겨 이룹니다."(시편 40,9)라고 하며, 하느님께 당신 뜻을 가르쳐 주시도록 기도드렸다(시편 143,10 참조). 이 밖에도 신앙의 성조 아브라함과 이스라엘의 영도자 모세를 비롯한 많은 예언자들은 하느님의 뜻에 따라 사명을 수행했다. 그들은 선택받은 이스라엘인들의 모범이었다.

예수님께서는 아버지 하느님의 뜻을 행하기를 원하셨다(마태 26,39; 요한 5,30;6,38 참조). 그 뜻을 실천하고 완성하는 것이 자신의 양식이라고까지 하셨다(요한 4,34 참조). 또한 제자들에게 '주님의 기도'를 알려 주시며, 하느님의 뜻이 이루어지도록 기도하라고 가르치셨다.

성 바오로 사도 역시 하느님의 뜻으로 사도직을 수행했다(1코린 1,1; 2코린 1,1; 에페 1,1; 콜로 1,1; 2티모 1,1 참조). 그는 자신이 하느님의 뜻에 따라 사도가 되었음을 여러 곳에서 언급했다. 로마인들을 방문하기를 원한 것도 이런 의미였다(로마 1,10; 15,32 참조). 또한 성령께서는 그리스도인들이 하느님의 뜻을 알도록 우리를 대신하여 간구하신다고 하였다(로마 8,27 참조). 이는 생활의 쇄신, 즉 새로운 삶으로서 하느님의 뜻을 아는 것이었다. "여러분은 현세에 동화되지 말고 정신을 새롭게 하여 여러분 자신이 변화되게 하십시오. 그리하여 무엇이 하느님의 뜻인지, 무엇이 선하고 무엇이 하느님 마음에 들며 무엇이 완전한 것인지 분별할 수 있게 하십시오."(로마 12,2)

예수님께서는 아버지 하느님의 뜻인 인류의 구원을 위하여 자신을 바치셨다(갈라 1,4 참조). 하느님의 뜻은 우리가 거룩하게 되는 것이고(1테살 4,3 참조), 우리가 늘 하느님께 감사드리기를 원하신다(1테살 5,18 참조). 또한 모든 이의 구원을 바라며, 우리가 진리를 깨닫게 되기를 원하신다(1티모 2,4 참조). 성 베드로 사도는 그리스도인들이 선을 행함으로써 어리석은 이들의 입을 막는 것이 하느님의 뜻(1베드 2,15 참조)이라고 했으며, 참그리스도인에게는 하느님의 뜻이라면 선을 행하다가 고난을 받는 것이 악을 행하다가 고통을 당하는 것보다 낫다고 했다(1베드 3,17; 4,19 참조). 이는 인간의 욕망에 따라 사는 것이 아니라 하느님의 뜻에 따라 사는 삶이다(1베드 4,2

참조). 또한 성 요한 사도는 세상도 지나가고 세상의 욕망도 지나가지만 하느님의 뜻을 실천하는 사람은 영원히 남는다고 말한다(1요한 2,17 참조).

이러한 하느님의 뜻에 대한 성경의 가르침은 교회의 학자들과 성인들의 가르침에서도 그대로 드러난다. 요약하면 삼위일체이신 하느님께서는 세 위격 안에서 상호의 뜻을 교환하시고 무엇이나 온전한 자유로 행하신다는 것이다. 그분께서는 어떤 존재의 방해도 받지 않으신다. 그리고 언제나 선을 지향하시며 이를 그대로 행하신다. 한편 피조물인 인간은 조물주인 하느님의 뜻을 온전히 이해할 수 없다. 단지 그분의 뜻이 이루어지도록 바라고 기도할 뿐이다. 그래서 이사야 예언자는 이를 두고 "내 생각은 너희 생각과 같지 않고 너희 길은 내 길과 같지 않다."(이사 55,8)라고 하였다.

하느님의 뜻은 예수님 안에서 가장 온전하게 드러났다. 예수님께서는 기도와 활동의 완전한 일치를 보여 주셨으며, 많은 이들을 "길이요 진리요 생명의 길"(요한 14,6 참조)로 인도하셨다. 마지막으로 인류의 구원을 위하여 자신을 제물로 봉헌하시고, 영광스럽게 부활하셨다. 그리고 성령을 교회에 선물로 보내셨다. 이는 모든 이의 구원을 바라시는 하느님의 뜻을 이루시기 위함이다. 이를 신학에서는 '하느님의 보편적 구원 의지'라고 한다. 그러므로 하느님의 뜻이 이루어지도록 기도할 때, 일차적으로는 예수님께서 걸어가신 그 길이 내 안에서 이루어지기를 바라야 한다. 그다음으로는 우리 일상과 세상일이 하느님께서 원하시는 방향으로 나아가도록 기도해야 한다. 그렇게 하기 위해 예수님의 생애와 가르침이 기록된 성경의 가르침을 묵상하고, 그분의 뒤를 본받으며 하느님의 뜻을 찾아야 한다. 그러나 세상의 부조리함과 고통을 마주하게 되면 진정한 주님의 뜻이 무엇인지 묻게 될 때가 있다. 이때 바로 예수님을 바라보아야 한다. 그분께서는 십자가 죽음을 원하지 않으셨으나, 아버지의 뜻을 온전히 실천하셨기 때문이다.

《러시아에서 그분과 함께》라는 책을 읽은 적이 있다. 월터 취제크 신부는 30대 초반에 러시아로 선교를 떠났다가 그곳에서 온갖 어려움을 겪고 50대 장년이 되어서야 돌아왔다. 러시아에서 보낸 20여 년의 세월은 한마디로 순교와 다름없는 고난의 길이었다. 취제크 신부의 삶은 사제로서 죽음을 각오한 증거의 삶이었다. 하느님의 뜻을 실천하며 온전히 따른 그 모습에 존경과 감사를 드리지 않을 수 없었다.

하느님의 뜻을 성실하게 실천한 이들은 너무도 많다. 선교사로 파견되어 12년간 나병 환자들을 돌보다가 자신도 그 병에 걸려 선종한 다미안 성인과, 앞에서 언급한 루이 마르탱 성인이 그러하다.

루이 마르탱은 어릴 때부터 수도자의 삶을 꿈꾸었지만 여러 이유로 수도자가 되지는 못하였다. 대신 결혼 성소를 택하여 모범적인 성가정을 꾸렸다. 그의 다섯 딸은 수도자가 되었는데, 막내딸이었던 데레사가 그 유명한 '아기 예수의 데레사 성녀'이다. 이처럼 그는 평신도로서 자신에게 주어진 하느님의 뜻을 찾으며 충실히 살았고, 마침내 부인 젤리 마르탱과 함께 시성되었다.

이처럼 하느님의 뜻은 참으로 오묘하다. "내 생각은 너희 생각과 같지 않고 너희 길은 내 길과 같지 않다. 주님의 말씀이다. 하늘이 땅 위에 드높이 있듯이 내 길은 너희 길 위에, 내 생각은 너희 생각 위에 있다."(이사 55,8-9) 우리는 불완전한 인간으로서 그분의 뜻이 무엇인지 도저히 알 길이 없다. 그러니 이것이 이루어지도록 간절하고도 겸손한 마음으로 기도드리는 수밖에 없다. 항구한 기도와 훌륭한 영성 지도자의 조언은 하느님의 뜻을 찾는 가장 좋은 길이 될 것이다.

5) 살아가게 하소서

이 세상에서 살아가기 위해서 의식주는 꼭 필요하다. 이것은 이 세상에 태어난 이상 기본적인 필수품이다. 그러기에 하느님께 먹고

입고 자는 것을 해결해 주시기를 간절히 기도드리게 된다. 물론 기복적인 기도만을 드려서는 안 되겠지만, 내 힘만으로는 해결할 수 없는 일들이 있기에 전능하신 하느님께 기도를 드리는 것이다.

미국에서 사목했을 때, 초창기 이민자들의 이야기를 들으면 참으로 눈물겨웠다. 타국에서 말도 통하지 않고, 가진 돈은 부족했으니 닥치는 대로 무슨 일이든 해야 하는 상황이었던 것이다. 그래서 혼자만의 힘으로는 버티기 어려운 상황에서 하느님께 기도를 드릴 수밖에 없었다고 한다. 예수님께서는 "청하여라, 너희에게 주실 것이다, 찾아라, 너희가 얻을 것이다. 문을 두드려라, 너희에게 열릴 것이다. 누구든지 청하는 이는 받고, 찾는 이는 얻고, 문을 두드리는 이에게는 열릴 것이다."(마태 7,7-8)라고 말씀하셨다. 그러므로 우리는 전능하신 하느님께 청해야 한다.

이스라엘인들은 이집트를 탈출한 후 매일 같이 하늘에서 떨어지는 만나를 먹었다. 그런데 어느 날 진저리가 났는지 이렇게 투덜거렸다.

"누가 우리에게 고기를 먹여 줄까? 우리가 이집트 땅에서 공짜로 먹던 생선이며, 오이와 수박과 부추와 파와 마늘이 생각나는구나. 이제 우리 기운은 떨어지는데, 보이는 것은 이 만나뿐, 아무것도 없구나."(민수 11,13)

"백성은 울면서 '먹을 고기를 우리에게 주시오.' 하지만, 이 백성에게 줄 고기를 제가 어디서 구할 수 있겠습니까?"(민수 11,4-15)

백성의 이러한 울부짖음을 들은 모세는 하느님께 간절한 기도를 드렸고, 주님께서는 그 기도를 들어주셨다. 결국 이스라엘인들은 구역질이 날 때까지 고기를 먹을 수 있었다. 이스라엘인들의 울부짖음은 모세를 움직였고, 모세는 그들을 대신하여 전능하신 하느님께 간청한 것이다. 그리하여 그들은 빵과 고기를 먹을 수 있었다.

한편 의식주를 위하여 기도할 때 지나치게 요구하는 것은 피해야 한다. 모든 것은 주님께서 알아서 처리하시기 때문이다. 그러므로 이 청원에서도 언제나 위에서 언급한 주님의 뜻이 먼저 이루어지도록 청하는 것이 올바른 그리스도인의 자세다. 청원에 있어서도 중용의 덕이 요구된다고 하겠다. 이 주제에 대해서는 성경에 아주 좋은 예가 있다. "마싸 사람 야케의 아들 아구르"(잠언 30,1)라는 의인이 이티엘과 우칼이라는 두 사람과 나눈 담화는 청원 기도가 어떠해야 하는지를 잘 알려 준다. 그는 중용의 덕을 실천하는 사람답게 이렇게 기도하였다.

"저는 당신께 두 가지를 간청합니다. 제가 죽기 전에 그것을 이루어 주십시오. 허위와 거짓말을 제게서 멀리하여 주십시오. 저를 가난하게도 부유하게도 하지 마시고 저에게 정해진 양식만 허락해 주십시오. 그러지 않으시면 제가 배부른 뒤에 불신자가 되어 '주님이 누구냐?' 하고 말하게 될 것입니다. 아니면 가난하게 되어 도둑질하고 저의 하느님 이름을 더럽히게 될 것입니다."(잠언 30,7-9)

이처럼 그는 전능하신 하느님께 먹고 사는 문제를 해결해 주시도록 기도를 드리되, 지나친 욕심에 사로잡히지는 않았다. 너무 가난하여 남의 집 담장을 넘거나, 지나가는 행인을 괴롭힌다면 하느님의 자녀로서 대단히 부끄러운 일이므로 적당히 청한 것이다.

성골롬반외방선교회 출신으로 한국 선교사로 파견되어 초대 제주지목구장이었던 고故 현 하롤드 대주교님 곁에는 그분이 하는 선교 활동을 위해 물질적인 도움을 주는 한 신자가 있었다. 그는 대주교님을 위해 도움을 드릴 때마다 자신도 물질적인 축복을 더 많이 받게 되었다고 한다. 그래서 계속하여 대주교님의 선교 활동을 후원할 수 있었고, 마침내 하느님께 드린 것은 결코 헛되지 않다는 깊은 체험을 하게 되었다고 고백했다. 내 친구 중 한 명도 이런 이야기를 들려주었다. "기도를 드렸더니 사업이 너무 잘되었는데 어느 순간이 지나니까 더 이상 되지 않았어. 그래서 하느님께서는 나에게 필요한 만큼만 주신다는 것을 깨달았지."

이처럼 참된 신앙인은 내가 가진 어떠한 물질적인 재화도 나의 것이 아니라 주님의 것이기에, 나는 그저 세상에 사는 동안 잠시 관리할 뿐이라는 생각을 가진다. 바로 이런 태도가 '청지기 영성'이다. 그러므로 나의 도움을 필요로 하는 곳에 도움을 줄 수 있는 기회를 찾는 것이 좋다.

우리에게는 보다 높은 차원의 기도가 필요하다. 그래서 일용할 양식에는 '영적인 양식'도 있다. 성체는 천사들의 음식이라고도 한다. 성체를 매일 영하는 이들은 썩어 없어질 양식만이 아니라, 썩지 않고 영원히 기리 남을(요한 6,27 참조) 천사들의 음식을 매일 받아 모신다. 하늘에서 내려온 그 빵은 먹고도 죽은 만나와는 달리 "세상에 생명을 주는"(요한 6,51) 양식이다. 그리고 이 빵을 먹는 사람은 예수님 안에 살게 되므로 영원한 생명을 얻는다(요한 6,52-59 참조).

교회는 초창기부터 이를 전례적으로 거행해 왔다. '빵을 뗀다 Fractio Panis'라는 표현은 루카 복음서와 사도행전에서 나타나는데, 이는 특별히 성찬을 위한 전문 용어이다. 이와 같이 초대 교회 그리스도인들은 주간의 첫 날에 함께 모여 주님께서 행하신 최후의 만찬과 그분의 죽으심을 기념하였다(1코린 11,24-26 참조). 이러한 의식에서 부활하신 주님의 현존을 체험하면서 한마음 한뜻이 되었던 것이다(사도 2,46; 4,32 참조). 또한 집회를 위한 큰 장소가 없었기에, 빵을 떼고 나누기 위해 가정에서 모였다. 이는 작은 가정 교회였다. 당시 그리스도인들은 분명히 소수였으나, 거대한 유다교 체제하에서 그리스도인의 정체성은 빵을 떼는 의식으로서 결속되고 있었다. 그 결속은 빵을 떼고 나누는 의식 안에서 체험한 부활하신 주님의 현존이었다. 성령으로 충만한 사도들은 주님의 부활을 생생하게 느끼면서 믿는 이들에게 가르침을 펴고 놀라운 일을 하였던 것이다(사도 2,43-46 참조). 그리하여 믿는 이들의 숫자가 점점 더 늘어나게 되었다.

교회는 예루살렘 초대 공동체부터 교부 시대와 중세 시대를 거치면서 믿고 실천해 온 성찬 전례의 중요성을 제2차 바티칸 공의회를 통해 이렇게 강조하였다. "전례는 교회의 활동이 지향하는 정점이며, 동시에 거기에서 교회의 모든 힘이 흘러나오는 원천이다."(〈거룩한 전례에 관한 헌장 — 거룩한 공의회〉, 10항)

영국의 저명한 신학자인 로널드 녹스는 이튼 스쿨과 옥스퍼드 대학교를 졸업한 후, 대학교 교목으로 일하던 중 가톨릭으로 개종하였다. 그리고 사제로 서품받은 뒤에는 저술과 라디오 방송으로 신앙을 전파한 호교론자였다. 그는 이런 말을 했다. "그리스도인들은 예수님의 말씀들을 잘 알면서도 실천하기도 하고 안 하기도 한다. 서로 사랑하라고 해도 미워하고 전쟁도 하며, 도둑질을 하지 말라고 해도 하는 이들이 많다. 이런 식으로 예수님의 말씀들이 무시되는 것처럼 보여도 한 가지 명령만은 반드시 지키고 있는데, 그것은 '너희는 나를 기억하여 이를 행하여라.'(루카 22,19)라고 하신 성찬례이다. 교회의 초창기부터 지금까지도 사제들이 매일 미사를 지내고 있으며, 신자들은 미사에 참여하여 성체를 모시며 성체 조배를 한다."(로널드 녹스, 《벽에 있는 창문과 거룩한 성체에 대한 그들의 강론 *The window in the wall and their sermons on the holy Eucharist*》, Burns and Oates, 1956)

성체성사에 관한 내용은 성경의 여러 군데에 언급되어 있다. "나는 하늘에서 내려온 살아 있는 빵이다. 누구든지 이 빵을 먹으면 영원히 살 것이다. 내가 줄 빵은 세상에 생명을 주는 나의 살이다. …… 내가 진실로 진실로 너희에게 말한다. 너희가 사람의 아들의 살을 먹지 않고 그의 피를 마시지 않으면, 너희는 생명을 얻지 못한다. 내 살을 먹고 내 피를 마시는 사람은 영원한 생명을 얻고, 나도 마지막 날에 그를 다시 살릴 것이다. 내 살은 참된 양식이고 내 피는 참된 음료다. …… 이 빵을 먹는 사람은 영원히 살 것이다."(요한 6,51-58) 또한 성 바오로 사도가 코린토인들에게 보낸 서한에서도 상세히 언급된다. "사실 나는 주님에게서 받은 것을 여러분에게도 전해 주었습니다. 곧 예수님께서는 잡히시던 날 밤에 빵을 들고 감사를 드리신

다음, 그것을 떼어 주시며 말씀하셨습니다. '이는 너희를 위한 내 몸이다. 너희는 나를 기억하여 이를 행하여라.' 또 만찬을 드신 뒤에 같은 모양으로 잔을 들어 말씀하셨습니다. "이 잔은 내 피로 맺는 새 계약이다. 너희는 이 잔을 마실 때마다 나를 기억하여 이를 행하여라. 사실 주님께서 오실 때까지, 여러분은 이 빵을 먹고 이 잔을 마실 적마다 주님의 죽음을 전하는 것입니다."(1코린 11,23-26)

성체성사는 세 가지로 요약하여 말할 수 있다. 첫 번째는 '교리', 두 번째는 '거행', 세 번째는 '성찬의 삶'이다. '교리'는 사제의 축성으로 빵과 포도주가 '참으로vere', '실재로realiter', '본체적으로substantialiter' 예수님의 몸과 피로 변화된다고 말한다. 이는 '실체 변화(實體變化, transsubstantiatio)'라고도 한다. 빵과 포도주의 형상은 그대로 남아 있으나 그 실체가 그리스도의 몸과 피로 실존 양식이 변화되는 현상을 말한다. 이는 그리스의 철학자 아리스토텔레스의 철학을 스콜라 학파의 유有의 개념을 성체론에 적용시킨 것으로, 1551년 트리엔트 공의회에서 교의(敎義, dogma)로 선포된 것이다. 빵과 포도주로 보이는 그 색깔과 맛은 우유(偶有, accidens)적이나 그 본체(本體, substantia)는 예수님의 몸과 변화되는 교리를 말한다.

주님께서는 이 교리를 받아들이기 어려워하는 이들을 위해 필요한 때에 기적이 일어나게 하셨다. 가장 유명한 일화는 '란치아노의 성체 성혈 기적'이다. 8세기 경, 이탈리아의 란치아노에 위치한 수도원 성당에서 일어난 일이다. 한 사제가 미사를 드리면서도 빵과 포도주가 예수님의 몸과 피로 변한다는 교리, 즉 실체 변화에 대하여 의심을 품고 있었다. 그가 성체를 둘로 나눈 뒤에 작은 부분을 떼어 성작에 넣으려는 순간, 성체가 사람의 살로 변해 피가 뚝뚝 떨어지는 것이 아닌가. 핏방울은 계속 떨어지면서 흰 제대보를 물들이고 있었다. 사제가 자신의 의심을 깊게 뉘우치며 피가 떨어지지 않도록 간절히 기도를 드리자 핏방울이 멈추었다. 그는 미사에 참여한 신자들에게 이 사실을 알렸고, 순식간에 이 소문이 사방으로 퍼져 나갔다. 지금도 란치아노의 성 프란치스코 성당에 안치된 성광을 통해 성체와 성혈을 볼 수 있다.

또한 성경 말씀을 그대로 믿고 실천하는 신자들도 많다. 요한 마리아 비안네 성인의 일화가 이를 잘 보여 준다. 매일 오후만 되면 성당에 들어가 한참 후에 나오는 농부가 있었다. 어느 날 비안네 성인이 농부에게 성당에서 무엇을 하고 나왔느냐고 물어보았다. 그는 이렇게 대답했다. "감실 안에 예수님께서 살아 계시지 않습니까? 그래서 한참 동안 예수님을 바라보고, 하고 싶은 이야기를 다 말씀드리고 조용히 있곤 합니다. 그러면 예수님께서 제 마음속에 오시어 말씀하시기도 하지요. 저는 그 말씀을 듣고 나옵니다."

성인은 성경의 말씀이나 교회의 가르침을 그대로 믿고 실천한 농부를 존경하게 되었다고 한다.

네덜란드의 유명한 현대 신학자 스힐레벡스 신부는《하느님 상봉의 성사인 그리스도》란 책에서 레오 1세 성인 교황의 말씀을 인용하였다. "그리스도 안에 현저하게 드러난 것은 교회의 성사 안으로 들어왔다Quod conspicuum erat in Christo, transivit in Ecclesiae sacramenta."

예수님께서 작은 빵의 모습으로 우리에게 오신다는 것은 참으로 큰 신비이다. 그러므로 성체 현존에 대한 믿음을 지니고, 합당한 준비를 하여 그분을 모시는 일은 영광스러운 일이다. 매일 미사에 참례하여 주님을 모신다는 기쁨으로 가득 찬 그리스도인은 참으로 행복한 사람들이다. 하지만 여전히 이 교리를 믿기 어려워하는 이들도 많다. 최근에 발표된 미국 가톨릭 교회의 사회 조사 결과를 보면, 미국 가톨릭 신자 중 70퍼센트가 성체를 실재가 아닌 '상징(象徵, symbolum)'으로 생각한다고 답하였다. 11세기 프랑스 투르의 베렌가리우스는 실체 변화를 인정하지 않았다. 그의 이러한 이론은 캔터베리의 대주교 안셀모 성인과 전통주의자들의 반대를 받아 단죄되었다. 성체에 대한 정통 교리는 "미사 중 제대 위에서 축성된 빵과 포도주는 실체적으로 예수님의 몸과 피로 변화된다."이다. 이 실체 변화는 예수님에 대한 믿음에서 나온다. 이러한 믿음을 간직하고 실천하는 이는 충실한 신앙인이다.

마르틴 루터는 사제가 축성한 후, 예수님께서 그 '빵 안에impanatio' 또는 그 '빵과 더불어cumpanatio' 현존하신다고 주장했다. 이는 그럴 듯하게 보이나 실체 변화 교리와는 다른 주장이다. 그리고 이 어려운 교리를 잘 이해하기 위한다는 의도 하에 소위 진보파라는 학자들은 제2차 바티칸 공의회를 전후한 1950년대와 60년대에 '의미 변화transsignificatio'와 '목적 변화transfinalizatio'라는 새 용어를 만들었다. 사제가 축성한 제대 위의 빵과 포도주는 그리스도 현존의 의미와 목적을 드러내기에, 우리가 먹고 마시는 빵과 포도주와는 의미와 목적이 다르다는 뜻이다. 그들은 실체 변화는 인정하지 않으면서도 제대 위의 빵과 포도주는 그리스도 현존의 의미와 목적을 보여 주므로, 영성 생활을 위한 상징적인 의미가 있다고 주장한 것이다.

이러한 과정을 거치면서 다소 혼란해진 교회의 분위기를 감지한 바오로 6세 성인 교황은 성체성사에 대한 혼란을 피하기 위해 제2차 바티칸 공의회가 끝나자마자 1965년 9월 3일 회칙 〈신앙의 신비 *Mysterium Fidei*〉를 발표하여 정통 교리를 재확인하였다.

교황은 주님께서는 여러 가지 모양으로 교회 안에 현존하신다고 하였다. 그리스도인들이 함께 모여 기도할 때 주님께서는 그 안에 현존하신다. 또한 주님의 이름으로 자선을 베풀 때에도, 사제가 말씀을 선포하고 성사를 집전할 때도 현존하신다. 그 현존들 중에서도 주님께서 가장 현저하게 그리고 가장 뚜렷하게 현존하시는 것은 성체이다. 바오로 6세 성인 교황은 주님께서 실체 변화를 통하여 분명히 현존하신다는 정통 교리를 재확인한 것이다.

　성체성사의 두 번째 의미는 교리를 믿고 이를 실천하는 거행이다. 여기에는 성체 조배, 성체 현시, 성체 강복, 성체 거동 등이 있다. 특히 성체 조배의 중요성을 먼저 언급하고 싶다. 성체 조배는 감실 안에 살아 계신 예수님을 찾아뵙고 기도하는 것을 말한다. 감실 안에 계신 예수님 앞에 앉아 기도드리는 신심은 영성 생활을 위해서는 대단히 좋은 방법이다. 봉사자들도 성당에 오자마자 자신이 할 일부터 챙기는 게 아니라, 먼저 감실 앞에 앉아 주님께 기도를 드리는 일이 우선이다.
　오래 전, 사도직 협조자들을 위해 한 주간 연중 피정 강론을 한 적이 있다. 마지막 날에 긴 성체 조배 시간이 있었는데, 나도 함께

하자는 제안을 받았다. 모두 감실 앞에 모여 예수님과 함께 세 시간을 보내는 성체 조배였다. 보통 성체 조배는 30분에서 1시간 정도 하면 충분하다고 여겼는데 그날은 성체 조배를 세 시간이나 하게 되었다. 분심 잡념도 들었지만 순식간에 세 시간이 지나가 버렸다. 성체 조배가 끝난 후, 충만한 은총을 느끼게 되었다. 그런데 왜 세 시간이나 성체 조배를 하는지 궁금해져 피정 참가자들에게 물어보았다. 그랬더니 그분들은 이런 이야기를 들려주었다.

전쟁 때, 사무실에서 일을 하고 있는데 사방에서 폭격 소리가 나고 포탄이 계속 떨어졌다. 모두들 겁이 나 도저히 일을 계속할 수도 없는 상황이었다. 그렇다고 어디로 피신할 수도 없어 언제 죽을지도 모르는 급박한 상황이었다. 그때 누군가가 성체를 제일 안전한 지하실로 모시고 그곳에서 예수님과 함께 지내자고 제안하였다. 그들은 죽더라도 성체와 함께 죽는다는 각오로 성체를 지하실에 모시고 모두 그 앞에 모였다. 인간의 생사를 온전히 주관하시는 주님 앞에 모인 것이다. 언제 목숨을 잃을지도 모르는 상황 앞에서 오로지 할 수 있는 것은 주님과 함께하는 수밖에 없었다. 그들은 이런 마음으로 조용히 기도를 드렸다. 그 순간에는 각자가 하고 있던 일, 직책이나 지위도, 나이도, 남자나 여자도 문제가 되지 않았다. 오직 생과 죽음의 문제만이 놓여 있었다. 그러니 각자 존재에 대한 최대의 관심사는 구원에 있었다. 그들은 기도를 하며 과거의 삶에 대한 회개뿐만 아니라, 생명의 주인이신 주님께 모든 것을 맡겼다. 그렇게 세 시간을 보내고 나자 사방이 고요해졌다. 포성이 멎은 것이다.

그분들은 이러한 이유로 연중 피정을 할 때마다 그때를 기억하며 성체 조배를 세 시간 동안 한다고 했다. 이처럼 성체 조배의 맛을 아는 이들은 감실을 자주 찾는다. 세상 어디서도 찾을 수 없는 기쁨을 느끼기 때문이다. 그래서 다양한 지향을 지니고 예수님 앞에 나아간다.

이런 기쁨을 아는 이들을 또 만난 적이 있다. 언젠가 가톨릭 의료원 소속 수녀들을 대상으로 2박 3일 동안 강의를 했던 적이 있다. 이때 어느 수녀가 들려준 성체 조배 체험이 인상적이었다. 그는 수녀회에서 운영하는 병원에서 큰 직책을 맡고 있었다. 그래서 소임을 마치고 수녀원으로 돌아오면 너무나 피곤하여 녹초가 되었다. 그러나 성체 조배 때에 예수님께 하루 종일 병원에서 일어난 일을 모두 말씀드리고 나면 어느새 고단함은 눈 녹듯이 사라졌고, 다음 날 아침 미사 때 성체를 영하고 나면 기운이 났다고 했다. 그는 예수님께서 피곤한 자신의 몸과 마음을 편안하게 해 주시고, 다시 소임을 할 수 있는 힘을 불어 넣어 주고 계심을 느꼈다고 고백하였다.

성체 신심이 깊은 이들은 미사에도 자주 참례하고자 한다. 예수님께서는 미사 중에 빵의 형태로 우리에게 오시기 때문이다. 그분께서 오시면 우리 안에서는 놀라운 변화가 일어난다. 습관적인 영성체가 아니라, 굳게 믿는 마음으로 성체를 받아 모시면 놀라운 일들이 일어난다. 제2차 바티칸 공의회는 이를 다음과 같이 말했다. "전례는 교회의 활동이 지향하는 정점이며 교회의 모든 힘이 흘러나오는 원천"이라고 말이다(〈거룩한 전례에 관한 헌장 ― 거룩한 공의회〉, 10항). 이 가르침처럼 성사를 통해 전달되는 은총의 힘은 우리 안에 생생하게 작용한다.

성체를 흠숭하고 최대의 예배를 드린 행위는 초대 교회 때부터 시작되었다. 순교자 유스티노 성인의 《호교론 *Apologia*》과 히폴리토 성인의 《사도 전승 *Traditio Apostolica*》에 따르면 신자들은 미사에 참여하여 성체를 영하였다. 그리고 병으로 인해 함께하지 못한 이들을 위해 집에 모셔가 영해 주었고, 노자성체를 위해 축성된 빵을 정성껏 보존하였다. 또한 성체 앞에서 무릎을 꿇거나 부복함으로써 최대의 예를 표하였다. 성체는 쥐를 비롯한 짐승들의 접근을 막기 위하여 견고한 곳에 보관하도록 배려하였으나 중세 이후처럼 현시하는 경우는 없었던 것으로 보인다. 그 이유는 초창기 교회 건물은 신자들의 단순한 예배를 위한 장소로만 이용되었기 때문이다. 이후 교회의 분위기가 안정되고, 수도원의 창설로 인해 정착된 성당의 모습이 일반화되자 성당이 전례 거행을 위한 장소만이 아니라 사사로운 기도의 집으로도 이용되기 시작했다. 성당의 중심은 제대였으며, 성체는 별도의 곳에 모셔 두었다.

중세에 와서 축성된 빵 안에 그리스도께서 현존하신다는 주장이 신학적 논쟁의 대상이 되었다. 그럼에도 성체 공경은 온 교회로 서서히 확산되었다. 전례 언어가 라틴어가 되자, 라틴어를 모르는 일반 신자들은 그리스도를 본받고 따라가는 신심을 성체 공경 안에서 찾으려고 했다. 이해하기 어려운 라틴어 전례보다 전례 밖의 성체 공경 신심 행위에서 더 많은 위안을 받았던 것이다.

이리하여 병자들을 위해 견고한 곳에 모셔 둔 성체는 제대로 옮겨 모시게 되었고, 클뤼니 수도원을 중심으로 성체를 모신 감실 앞에서 절을 하는 의식이 첨가되었다. 이 신심은 클뤼니 수도원과 후에 창설된 아시시의 프란치스코 성인이 세운 수도회를 통해 교회 안에 급속도로 확산되었다. 그래서 감실을 아름답고 좋은 재료로 만들고, 그 주위를 화려하게 꾸미며 그리스도 현존의 표시로 불을 밝히기 시작했다. 또한 미사 중 성체 거양 시 무릎을 꿇고 흠숭하는 것이 보편화되어 갔다. 이때 성광이 소개되었고, '지극히 거룩하신 그리스도의 성체 성혈 대축일'도 제정되었다. 성체 신심으로 유명한 도로테아 성녀의 생애를 보면 당시에 성체 조배 신심이 광범 위하게 확산되었음을 보여 준다. 유명한 라틴어 성가 〈지존하신 성체Tantum Ergo〉는 성체 거동 후에 불렸는데, 이는 토마스 아퀴나스 성인이 쓴 성체 찬미가로서 성체 강복 중에 애창되었다. 그리고 이후 성광 안에 모셔진 성체를 들고 신자들에게 강복하는 전례가 시작되었다.

　성체 신심은 마르터 루턴으로 인하여 종교 분열이 일어나자, 반종교 분열 운동가들로 인하여 더욱 강화되었다. 그로써 성체 신심은 로욜라의 이냐시오 성인을 비롯하여 알폰소 마리아 데 리구오리 성인, 그리고 제2차 바티칸 공의회를 거쳐 예수 성심 공경과 더불어 교회의 중요한 신심 행위가 되었다. 공의회는 교회의 중심 전례인 미사를 강조하면서도, 인류를 위해 피와 물을 모두 쏟으신 그리스도의 희생과 속죄의 행위를 언급하면서 '성체의 신비'를 다시 언급했다. 또한 미사 없는 성체 신심에 대해서도 상당히 강조하였다. 그 일환으로 성체 조배, 성체 현시, 성체 강복, 성체 거동 등에 대해서도 올바른 지침과 함께 성체 신심을 고양시키는 관점에서 적절히 거행하도록 강조하고 이를 위해 사목자들의 현명한 지도를 당부하였다.

　여기서 성체 현시에 관해서도 잠시 언급해 보고자 한다. 성체 현시도 거행 중의 하나로, 성체 조배와 더불어 성체성사 안에 현존하시는 그리스도를 향한 경배이며 최대의 신앙 표현이다. 그러므로 교회 공동체는 성체를 중심으로 한자리에 모이고, 탁월한 방법으로 또한 실체적으로 현존하시는 성체께 최대의 경배를 드리며 그분 현존의 표지로 받아들인다. 그러므로 성광 안에 모셔진 성체 앞에서 성가와 사적 및 공적 기도를 드리며 성경 봉독과 강론을 들으면서 성체를 흠숭한다. 성체 현시를 종결하기 전에 성체 강복을 하는 경우가 많다. 예를 들면, 매월 첫 금요일에 철야 기도를 하는 신자들이 사제와 함께 현시의 마지막 부분에 성체 강복을 한다. 이는 신자들에게 살아 계시는 예수님으로부터 직접 축복을 받는다는 신심을 일깨워 주므로 유익한 의식으로 생각된다. 성체 강복 시에도 성가와 기도, 묵상, 향을 피우는 등 다양한 행위로서 신심을 고양시킨다. 대표적인 기도로는 토마스 아퀴나스 성인의 성체 찬미가와, 성가 〈지존하신 성체Tantum Ergo〉이다. 마치기 전에는 "하느님은 찬미를 받으소서."로 번역된 하느님을 찬미하는 기도문이 사제를 따라 반복되며 퇴장 성가로 끝난다. 파티마 국제사도직에 속한 푸른 군대 회원들은 파티마 성모님의 메시지가 담긴 성가를 퇴장 성가로 노래하곤 한다.

 성체 거동도 성체 신심을 고양시키는 중요한 행위로, 성체를 모시고 하는 행렬을 말한다. 이는 교회 내의 여러 기록을 보면 이는 병자를 위해 성체를 환자 집으로 모시고 갈 때나, 성목요일 저녁 미사가 끝난 후 그 다음날 오후 세 시까지 밤샘 기도를 하기 위해 성체를 제단에서 별실로 모실 때 행한 행렬에서 비롯된 것으로 보인다. 이는 11세기부터 장엄하게 자주 거행된 듯하다. 초대 교회부터 행렬을 하면서 신심을 키운 거동도 있었는데, 십자가와 성인들의 유해를 모시고 하던 행렬들을 비롯하여 성체 행렬도 있었다. 어느 지역에 전염병이 돌거나 재앙이 일어나면 신자들은 사제를 중심으로 한데 모여 그 지역을 돌면서 기도하였다. 성광에 성체를 모시고 향을 피우며 종을 치면서 화려하게 행렬하는 성체 거동은 많은 신심을 불러일으킨다.

성체 신심과 관련된 마지막 주제는 성체 대회이다. 이는 성체 신심의 특수한 표현으로 많은 사람이 지역이나 국가나 국제적인 차원에서 한자리에 모여 공적 신심을 드러내는 것이다. 이 행사는 성체 신심을 고양시키고 특별히 사랑과 일치의 표징을 보여 준다. 역사적으로는 1881년 프랑스의 릴에서 시작하여 매년, 격년 또는 3, 4년마다 한 번씩 개최되고 있다. 성체 대회는 성체 성사의 세 번째 의미인 '성찬의 삶'을 강조하는 방향으로 나아가고 있어 더욱 의미 있다. 우리나라에서도 이 대회를 준비하면서 1년간 성체성사에 대한 많은 강연과 세미나가 열렸다. 그 결과로 현재 우리가 사용하고 있는 미사 통상문을 새롭게 번역하기도 하였고, 여러 본당에서 24시간 성체 조배 운동은 물론이며 밤중 성체 조배 신심이 일어나 교회 공동체의 신앙 쇄신 운동이 활발히 전개되고 있다.

'성찬의 삶'이란 우리가 믿고 거행하는 것을 일상에서도 실천하는 삶이다. 구체적으로는 마태오 복음서 25장 31절에서 46절의 말씀을 실천하는 것이다. 현대 신학은 사변적이라기보다는 다분히 실천적이다. 한때 유행했던 해방 신학도 그 맥락을 함께하는 신학의 한 부류이다. 그러다 보니 현실적인 삶을 무시하지 않고 깊게 파고든다. 이 세상의 작은 그리스도들을 무시할 수 없다는 사상은 많은 이들을 일깨우고 있다. 그로써 물질적인 재화를 함께 나누는 운동은 물론이고, 정의와 인권을 부르짖는 계기도 되었다. 그러기에 최후 심판의 기준을 읽고 묵상하면서 물질적으로 가난한 이들을 외면해서는 안 된다. 예를 들면 학비가 없어 공부를 못하고 있거나, 교실이 없어 학생들을 가르치기 어려운 곳에 재정적으로 지원해 주는 것도 큰 신심이다. 최근에 남수단 지역의 아이들이 교실이 없어 공부를 못하고 있다는 이야기를 듣게 되었다. 살레시오 수도회에서 후원금을 모으고 있다고 하여, 나도 조금이나마 보탰다. 그러자 그곳에서 작은 앨범을 보내 왔다. 앨범을 펼치자 학교 건축 과정과 학생들이 공부하는 모습이 찍힌 사진으로 가득했다. 후원자의 이름으로 학교명을 짓는다고 하더니, 정말로 내 이름을 딴 'Reverend Father Antony Talsu Jon's School'라는 학교가 지어지고 있었다. 그 앨범을 보며 뿌듯한 마음과 함께 언젠가 그 학교에 꼭 한 번 방문해 보고 싶다는 마음이 샘솟았다.

그 밖에도 우리 주변을 둘러보면 정신적으로 고통을 받고 있는 이들도 많다. 그들과 함께하는 것도 그리스도인으로서 마땅히 해야 할 일이다. 바로 이런 삶이 '성찬의 삶'을 사는 것이다. 이를 가장 훌륭히 실천한 이가 바로 마더 데레사 성녀이다. 성녀는 로레토 수녀회 소속 수도자였으나, 빈민가 지역에 사는 이들의 비참한 모습을 보고 그들과 함께하기로 결심한다. 그리고 자신과 뜻을 함께하는 동료 수도자들과 '사랑의 선교회'라는 수도회를 창설한다. 성경의 말씀을 충실히 살아간 성녀의 삶은 프란치스코 교황의 말처럼 하느님의 자비 그 자체였다.

구약 성경을 보면, 안식일과 여호수아가 예리코 성을 돌았던 것(여호 6,1-27 참조)과 유대인 명절인 '오순절(샤부옷)'에는 어떤 공통점이 있다. 공통점은 바로 모두 '숫자 7(쉐바)'이다.

고대 이스라엘에서 숫자 7은 신성한 의미가 있는데, 이는 완벽함을 나타낸다. 숫자 7은 한 손으로 셀 수 있는 숫자로는 나눌 수 없기에, 강력하고도 깨뜨릴 수 없는 숫자라고 여겼다. 히브리어에서 7을 나타내는 단어인 '쉐바שבע'는 맹세를 나타내는 '샤부아שבועה'와 연결되어 있다. 그래서 아주 강한 약속을 하고자 할 때 "신성적으로 완벽한 숫자인 7을 나의 증인으로 삼아……"라고 말하기도 했다. 유다인들은 이집트를 탈출한 지 7주 후에 토라(모세 오경)를 받은 날인 '샤부옷שבועות'을 기념한다. 성경은 7로 가득 차 있다. 그래서 성경을 히브리어 원서로 읽을 때 7의 의미를 더 잘 알 수 있다고 한다.

이처럼 거룩한 숫자 7을 바탕으로 물질적이며 영적인 일곱 가지 선행이 자연적으로 발생하여 성찬의 삶을 이상적으로 살도록 도와주고 있다. 일곱 가지 물질적인 선행은 다음과 같다. 배고픈 이들에게 먹을 것을 주고, 목마른 이들에게 마실 것을 주며, 헐벗은 이들에게 입을 옷을 주고, 집도 절도 없는 나그네들을 집으로 데리고 와서 재우고 먹이며, 병자들을 방문하고, 감옥에 갇힌 이들을 찾아가서 위로하며, 죽은 이들을 장례 지내는 것이다. 여섯 가지는 마태오 복음서의 '최후의 심판 기준'(마태 25,35-40 참조)에 나오지만 죽은 이들을 장례 지는 것은 구약의 토빗기(1,17 참조)에서 따온 것이다. 의로운 토빗은 포로가 되어 유배지에 살면서도 친척과 동족에게 자선을 베푸는 선행을 게을리하지 않았다. 그 선행으로 토빗과 그 집안은 무수히 많은 축복을 받았다. 하지만 토빗의 부인은 그의 선행을 이해하지 못하고 불평을 하였다. 더구나 토빗의 눈이 멀게 되자, 자신이 밖에 나가 허드렛일을 하면서 집안을 꾸려 가게 된 것에 화가 나 이렇게 쏘아붙이기도 하였다. "당신의 그 자선들로 얻은 게 뭐죠?"(토빗 2,14)

하느님께서는 당신에게 충성과 효성을 다하며 이웃 사람들에게 참사랑을 실천하는 이를 결코 외면하지 않으신다. 이런 면에서 토빗의 행적은 우리에게 훌륭한 모범을 준다. 아내의 말을 들은 그는 마음이 괴로워 탄식하며 하느님께 이렇게 기도하였다. "주님, 당신께서는 의로우십니다. 당신께서 하신 일은 모두 의롭고 당신의 길은 다 자비와 진리입니다."(토빗 3,2)

토빗은 라파엘 천사의 도움으로 아들이 무사히 임무를 마치고 돌아왔을 뿐 아니라 며느리까지 보게 된 일에 대해 하느님께 무한한 감사를 드렸다(토빗 12,1-22 참조). 라파엘 천사가 그들에게 했던 말도 하느님을 섬기고 자선을 하라는 내용이었다. "진실한 기도와 의로운 자선은 부정한 재물보다 낫다. 금을 쌓아 두는 것보다 자선을 베푸는 것이 낫다. 자선은 사람을 죽음에서 구해 주고 모든 죄를 깨끗이 없애 준다. 자선을 베푸는 이들은 충만한 삶을 누린다."
(토빗 12,8-9)

　마침내 진실한 기도와 의로운 자선을 베푼 토빗은 축복을 받아 눈을 뜨게 되고, 천사의 도움까지 받게 된다. 이처럼 진심으로 성찬의 삶을 실천하는 이들에게도 이와 같은 축복이 내릴 것이다. 영적으로 베푸는 일곱 가지 선행은 다음과 같다. 의심하는 이들을 깨우치고, 무지한 이들을 가르치며, 죄인들을 권면하여 회개하게 하고, 불행한 이들을 위로하며, 원한 맺힌 이들을 용서하고, 고통받는 이들을 인내를 다해 돌보고, 산 이와 죽은 이들을 위하여 하느님께 기도하는 것이다.

　사람은 물질만으로는 살아갈 수 없다. 물질적으로는 풍부하다 할지라도, 영적인 빈곤이 더 무서운 법이다. 각종 스트레스, 불안, 외로움, 고뇌 등 정신적인 어려움에 시달리는 사람들에게 성령께서 베푸시는 선물을 나누어 주는 이들도 많은 축복을 받을 것이다. 또한 자살의 유혹에 시달리는 이들을 적절한 대화와 권고로 올바른 길로 돌아오게 하는 일이나, 교리에 의심을 품는 이들에게 교리를 잘 이해시켜 권면하는 것도 훌륭한 신심이다. 세속적인 일에서는 출세한 이들도 신앙생활이나 영적 생활에서는 무지한 경우가 많다. 부인을 성당 앞까지 태워다 주면서도 본인은 성당에 오지 않는 이들도 있고, 아이들은 한인 성당의 한글 학교에 보내면서도 전교에 관해 이야기하면 꺼려하는 이들을 많이 보았다. 이런 이들을 전교하는 일 또한 애덕을 실천하는 것이다.

마지막으로, 성체성사의 신비를 공적으로 거행하는 '지극히 거룩하신 그리스도의 성체 성혈 대축일'은 가톨릭 교회의 대축일 중의 하나이다. 삼위일체 대축일 다음 목요일에 지내는 축일인데, 우리나라에서는 이 대축일을 주일에 지내고 있다. 이날은 위에서 다룬 성체성사의 세 가지 의미를 종합적으로 언급한다. 모든 그리스도인은 교회의 모든 힘이 흘러나오는 이 신비를 자주 거행하고 묵상하면서, 인류의 구원을 위하여 피와 물을 쏟으심으로써 모든 것을 다 내놓으신 예수님을 본받아 경천애인의 삶을 보다 충실히 살 것을 마음 깊이 새겨야 한다.

앞서 언급한 '일용할 양식'에는 주님의 말씀이 기록된 성경도 해당된다. 하느님께서는 성경을 통해 인간에게 말씀하신다. 이러한 믿음과 신심은 그리스도인들에게 대단히 중요하다. "교회는 언제나 성경들을 주님의 몸처럼 공경하여 왔다."(《하느님의 계시에 관한 교의 헌장 — 하느님의 말씀〉, 21항)라는 제2차 바티칸 공의회의 가르침을 상기하지 않더라도 초창기부터 교회 공동체와 주님의 발자취를 뒤따르기를 원하는 이들은 성경과 친숙하게 지내 왔다. 특별히 수도자들은 성경을 읽고 외우고 하는 과정을 여러 번 거쳐 마음속에 새긴다. 베네딕토 성인은 이를 규칙서 제48장에 기록했는데, 육체의 노동에 관한 규칙서 후반부에 '거룩한 독서lectio divina'에 대해서 언급했다. 형용사 '디비나(神的, divina)'는 독서나 독서자의 행위가 아니라, 읽혀지는 서적의 성질이나 내용을 말한다. 전통적으로 이는 성경과 교부들의 가르침이나 영성 서적을 묵상하거나 성찰적인 태도로 읽으면서 기도하는 것으로 이해되어 왔다. 그중에서도 하느님의 말씀이 기록된 성경이 가장 윗자리를 차지한다. 그러므로 '거룩한 독서'는 기도의 한 방법이다. 분심이 들어 묵상 기도가 잘 안 되는 때는 성경을 천천히 읽으면서 묵상할 수 있다. 이때는 성경을 읽는 것이 목적이 아니라 기도를 도와주는 수단이 된다. 성경을 정성스럽게 읽다가 두 손을 모아 기도하는 단계로 넘어간다면 거룩한 독서를 잘한다고 볼 수 있다.

구약 시대의 거룩한 이들, 특히 예수님 시대에도 공동체를 이루어 생활하던 쿰란의 수도자들은 하느님의 고귀한 말씀을 너무 사랑하여 손으로 기록해 두었다. 이스라엘 독립 전쟁 이후 하스모네

아 왕조가 정권을 잡고 지나친 욕심으로 대사제직까지 독차지하자 (1마카 10,21 참조), 이에 분개한 이들은 사독계의 의로운 사제의 지도로 힘을 모아 사해 서북쪽 쿰란으로 피신한다. 그들은 수도원을 세우고 묵시 문학적 영성을 추구하였다. 이들을 에세네파(Essene, 경건한 이)라고 한다. 그들은 종말에 올 구원자를 고대하면서 수행과 정화에 힘쓰면서 시간에 맞추어 공동으로 기도하고 엄격한 규칙에 따라 생활했다. 그러던 중 기원전 31년경 일어난 지진으로 인해 수도원이 파괴되자 30여년 후 다시 돌아와 수도원을 재건했다.

그러나 기원후 66년, 제1차 유다 독립 전쟁이 일어나자 로마의 장군 티투스가 예리코를 함락시켜 버렸다. 이들의 침략으로 예리코 남쪽 13킬로미터 지점에 있던 쿰란 공동체의 수도자들은 하느님의 고귀한 말씀을 필사한 사본(필사본)과 다른 문헌들을 수도원 뒷산 동굴에 묻어 두었다. 그리고 다시 이곳에 오리라는 희망을 안고 수도원을 떠나 피난길에 올랐다. 그 필사본들은 한 목동들에 의해 발견되었다. 잃어버린 염소를 찾기 위해 작은 동굴로 들어갔던 목동은 그 안에서 작은 단지를 발견한다. 단지 안에는 가죽 두루마리가 들어 있었다. 이 키르베트 쿰란 주변의 11개 동굴에서 발견된 850여 종류의 문헌들을 사해 두루마리Dead Sea Scroll, 즉 쿰란 문헌(사해사본)이라고 한다. 놀랍게도 이 필사본은 그대로 보존되어 있었다. 건조한 지역이라 오랜 세월이 흘렀어도 썩지 않은 것이다. 이 사해사본을 쿰란 공동체가 필사했으며, 이들을 에네세파라고 확정 지은 이는 유명한 성경 고고학자 롤랑 드 보 신부이다.

한편, 성경학자들의 수호 성인인 예로니모 성인은 성지 팔레스티나에 가서 성경을 번역하고 해석하면서 여생을 보냈다. 그의 많은 작품들 중 이사야서의 해설에는 "성경을 모르면 그리스도를 모른다Ignorantia Scripturarum est ignorantia Christi."라는 말이 남겨져 있다. 신약과 구약 성경은 예수 그리스도를 증거하고 있다. 구약은 그분의 첫 번째 오심을 예언하고, 신약은 직접적으로 세상의 구원자로 오신 그분에 대하여 말하고 가르치고 있다. 성경을 잘 알면 주님이신 그리스도를 잘 알게 된다. 성령을 충만히 받은 사도들은 모두 예수 그리스도에 대해서 열심히 가르치고 복음을 전했다. 그분께서는 길이요 진리요 생명이시며 죽음에서 살아나신 분이심을 외친 것이다. 그러므로 시간을 정해 놓고 성경을 읽고 쓰며 묵상하는 이는 누구나 주님께서 주시는 영적 양식을 얻을 수 있을 것이다.

6) 용서하게 하소서

예수님께서는 일용할 양식을 청한 다음 용서하라고 하셨다. 용서에 대해서는 두 가지 측면을 보아야 한다. 첫 번째는 나와 하느님의 관계이다. 하느님을 믿는 이는 수시로 용서를 청한다. 우리는 세례성사로 주님의 자녀로 태어났기에 그분 자녀다운 삶을 살아야 한다. 그럼에도 때로는 여러 가지로 잘못을 저지른다. 그리고 자비하신 하느님께 용서해 주시길 청하는 것이다. 이는 저녁 기도를 할 때나, 미사 때마다 참회 예식을 통해서도 드러난다. 또한 주님의 기도에도 이러한 내용이 담겨 있다. 그러므로 주님의 기도를 바치는 이는 누구나 하느님 앞에 자신이 죄인이라는 사실을 고백하며 용서를 청하게 된다.

성 요한 사도는 인간의 부정적인 측면을 이렇게 이야기한다. "만일 우리가 죄 없다고 말한다면, 우리는 자신을 속이는 것이고 우리 안에 진리가 없는 것입니다. 우리가 우리 죄를 고백하면, 그분은 성실하시고 의로우신 분이시므로 우리의 죄를 용서하시고 우리를 모든 불의에서 깨끗하게 해 주십니다. 만일 우리가 죄를 짓지 않았다고 말한다면, 우리는 그분을 거짓말쟁이로 만드는 것이고 우리 안에 그분의 말씀이 없는 것입니다."(1요한 1,8-10)

각자의 과거나 현재의 삶을 성찰할 때, 누구나 죄인이라는 사실을 솔직히 시인하지 않을 수 없다. 인간은 나약하기 때문에 비록 세례를 받아 새롭게 태어났을지라도 죄를 저지르곤 한다. 그러니 매일 하느님의 자비를 간구하며 용서를 청해야 한다. 하느님의 자비하심을 믿고 살아가는 그리스도인은 행복하다. 성경에는 자비하신 하느님을 보여 주는 아름다운 이야기가 많다. 대표적으로 루카 복음서의 '되찾은 아들의 비유'를 들 수 있다(루카 15,11-32 참조).

비유에 나오는 작은아들은 고향을 떠난다. 아버지로부터 해방되고 싶은 마음도 있었을 것이고, 대도시를 동경했는지도 모른다. 그는 모든 굴레에서 해방되어 신나는 삶을 살기 시작했다. 그래서 친구들과 어울리며 가진 돈을 모두 탕진하기 시작했다. 하지만 돈이 떨어지자 남은 것은 아무것도 없었다. 아버지의 품을 떠난 결과가 드러난 것이다. 어떤 면에서 보면 작은아들의 모습은 하느님을 떠나 마음대로 살아가는 인간의 모습을 보여 줄 뿐 아니라, 죄를 짓고 괴로워하는 그리스도인의 모습이기도 하다.

그는 결국 아버지가 계시는 고향으로 돌아가기로 결심한다. 그런 와중에도 아버지는 아들을 한없이 기다리고 있었다. 돌아온 아들을 본 아버지는 아무것도 묻지 않는다. 그리고는 종들에게 아들에게 가장 좋은 옷을 입히고, 손에 반지를 끼우고, 신발을 신겨 주라고 말한다. 또한 살진 송아지를 잡아 잔치까지 벌여 주었다(루카 15,22-23 참조).

예수님께서는 사랑 자체이신 하느님을 이러한 비유로 보여 주셨다. 성경은 자비하신 하느님을 다음과 같이 노래한다.

"여인이 제 젖먹이를 잊을 수 있느냐? 제 몸에서 난 아기를 가엾이 여기지 않을 수 있느냐? 설령 여인들은 잊는다 하더라도 나는 너를 잊지 않는다."(이사 49,15)

"주님은 너그러우시고 자비하신 분. 분노에 더디시고 자애가 크신 분. 주님은 모두에게 좋으신 분. 그 자비 당신의 모든 조물 위에 미치네."(시편 145,8-9)

그리스도인은 자신의 잘못을 솔직히 시인하면서 하느님께 나아가 용서를 청해야 한다. 이처럼 우리는 사랑이신 하느님을 믿고 의지하며 희망을 가지고 살아간다. 그런데 이웃의 잘못에 대해서는 너그럽지 못할 때가 있다. 바로 이것이 용서에 관한 두 번째 측면으로서 대두된다.

이 주제와 연관된 주제 중에서 가장 대표적인 것으로 마태오 복음서에 나오는 '매정한 종의 비유'를 들 수 있다(마태 18,23-35 참조). 주인에게 만 탈렌트를 빚진 종이 있었다. 달란트는 로마 제국 시대에 사용되던 금화이다. 한 달란트는 육천 데나리온이고, 한 데나리온은 당시 노동자의 하루 품삯이었다. 요세푸스 플라비우스의 《유다 고대사》에 따르면 그 당시 유다와 사마리아를 통치하던 헤로데 아르켈라오스 임금의 연 수입은 6백 달란트였다. 또한 갈릴래아와 베레아를 통치하던 헤로데 안티파스 임금의 연 수입은 2백 달란트였으며, 이투레아와 트라코니티스를 다스린 헤로데 필리포스의 연 수입은 백 달란트였다. 그러니 1만 달란트는 엄청난 액수였다.

이렇게 엄청난 돈을 빚진 종이 도저히 갚을 능력이 없자, 주인은 그를 가엾게 여겨 빚을 모두 탕감하여 주었다. 그런데 그 종이 집으로 돌아가다가 자기에게 백 데나리온 빚진 동료를 만났다. 그는 빚진 것을 갚으라고 호통을 쳤다. 동료는 그에게 시간을 좀 달라고 사정하였으나, 빚을 다 갚을 때까지 감옥에 가두어 버렸다. 그 광경을 본 다른 동료들이 안타까운 마음에 이를 주인에게 고해 바쳤다. 그러자 주인은 그를 불러들여 호되게 꾸짖으며 이렇게 말하였다. "이 악한 종아, 네가 청하기에 나는 너에게 빚을 다 탕감해 주었다. 내가 너에게 자비를 베푼 것처럼 너도 네 동료에게 자비를 베풀었어야 하지 않느냐?"(마태 18,32-33)

예수님의 이러한 가르침은 우리가 남을 용서하지 않으면, 하느님께서도 우리의 잘못을 용서하지 않으신다는 데 있다. 예수님께서 이 비유를 말씀하시기 전에 베드로는 형제가 죄를 지으면 몇 번이나 용서해 주어야 되느냐고 질문한다(마태 18,21-22 참조). 그는 일곱 번까지 용서하면 되느냐고 묻는다. 앞서 말한 것처럼 일곱은 유다인들에게 있어서 성스럽고 완전한 숫자이다. 유다교의 어떤 랍비는 하느님께서는 세 번까지 용서하신다고 가르쳤다. 그러므로 하느님의 방법을 본받아 세 번까지 용서한다면 최고로 하는 것으로 알고 있었다. 하지만 예수님의 방법은 달랐다. "내가 너에게 말한다. 일곱 번이 아니라 일흔일곱 번까지라도 용서해야 한다."(마태 18,22) 이 말씀은 언제나 용서하라는 뜻이다. 예로니모 성인은 이를 "형제가 그 이상 죄를 범하지 않게 될 때까지 용서해 주어야 한다."라고 해석하였다. 우리 역시도 내 잘못을 진정으로 용서받고 싶다면, 내게 잘못을 저지른 이웃이나 형제를 용서해 주어야 한다. 이것이 그리스도인이 할 일이자 예수님의 제자 되는 길이다. 주님께서는 십자가 위에서 죽음을 맞으시는 그 순간까지 자신을 박해하고 못 박은 이들을 기꺼이 용서하셨기 때문이다.

용서의 미덕을 실천한 사람 중에 남아프리카의 넬슨 만델라를 꼽고 싶다. 그는 남아프리카 공화국 최초의 흑인 대통령이자, 흑인 민권 운동가로 많은 존경을 받고 있다. 하지만 그의 삶은 고통으로 점철된 고난의 길이었다. 그는 변호사로 일하며 흑인들의 인권을 위해 싸우다 종신형을 선고받고 27년 동안 투옥되었다. 그중 18년을 로벤섬에서 생활하였는데, 수감 생활 중에도 죄수들로부터 존경을 받았다. 이를 못마땅하게 여긴 교도관들은 그에게 모욕적인 형벌을 가했다. 그들은 만델라에게 무덤 모양으로 땅을 파라고 시킨 다음 그 안에 들어가 누우라고 하였다. 그러자 교도관들은 누워 있는 그의 몸 위로 소변을 누기 시작했다. 보통 사람이라면 이런 치욕스러운 일을 겪고 나면 복수를 꿈꿨을지 모른다. 그러나 27년을 갇혀 있다가 세상 밖으로 나온 만델라에게는 분노도, 원한도 없었다. 심지어 대통령이 되자 자신을 감시하고 핍박했던 백인 교도관을 취임식에 초대했다. 무엇이 그를 그토록 너그럽게 만들었을까? 그가 태생적으로 너그러운 사람이었다고 생각할 수도 있지만, 오히려 고통이 그를 더 강하게 만들었다.

만델라는 종신형을 선고받고 로벤섬에 들어갔을 때만 해도 분노로 가득 찬 사람이었다. 백인들은 흑인을 인간으로 취급하지 않았고, 법이라는 것은 외양만 갖췄지 정의에 대한 조롱이며 모독이었기 때문이다. 그는 오랜 세월에 걸친 감옥 생활 안에서 용서와 아량을 배웠다. 독방에 갇혀 있으면서 자신의 모든 행동을 매일 성찰하며, 나쁜 것은 버리고 좋은 것은 계발시킨 것이다. 그는 용서가 없다면 조국에 미래가 없다는 것을 깨달았다. 만약 그가 백인 교도관들의 모욕적인 행위에 똑같은 방식으로 응수했더라면 아마도 폭력의 악순환만이 되풀이되었을 것이다.

우리나라 역사 안에서도 넬슨 만델라처럼 용서의 미덕을 실천한 위인을 만날 수 있다. 바로 장면 박사이다.

장면 박사가 1956년 8월 15일 부통령에 취임한 지 한 달이 조금 지난 9월 28일이었다. 그날은 민주당 전당 대회가 있었다. 연설을 마치고 단상에서 내려오던 장면 박사를 향해 김상붕이라는 사람이 총을 쏘았다. 장면 박사는 다행히 왼쪽 손에 관통상만 입었고, 범인은 그 자리에서 붙잡혔다. 김상붕과 공모자 이덕신, 최훈에게는 다음 해인 1957년 11월 1일에 사형이 확정되었다. 그 소식을 들은 장면 박사는 그 다음날 대통령에게 서신을 보내어 감형을 요청하였고, 후에 국무총리가 된 후에 감형시켜 주었다.

이에 사형수 최훈은 1965년 7월 27일에 장면 박사에게 감사의 편지를 보냈다. 그는 자신이 저지른 일을 참회하며 새 사람이 되겠다고 고백했다. 그리고 세례를 받아 천주교 신자가 되었다. 한편 김상붕은 30년이 지난 후, 장면 박사의 자제인 장익 주교를 만나 이렇게 말하였다.

"저에게 저격을 사주했던 그 사람들은 당시 나는 새도 떨어뜨릴 만한 위치에 있었습니다. 내무부 장관과 치안국장을 비롯하여 일선 경찰서의 사찰과장도 있었습니다. 그들은 당시의 정치 상황에서 위기를 느끼고 있었습니다. 여당의 이승만 박사가 당선되었지만 부통령으로는 야당 출신의 장면 박사가 당선되었기 때문입니다. 이 박사는 그때 여든 살이 넘었는데, 주치의들의 말이 3년을 넘기기가 힘들다는 것이었습니다. 당시 헌법에는 대통령의 유고시 부통령이 그 권한을 승계한다고 명시되어 있었기 때문에 만에 하나 대권이 야당으로 넘어갈까 두려워한 것입니다."

장면 박사는 저격범 김상붕을 교도소로 찾아가 그의 잘못을 용서해 주었다. 김상붕은 회개한 뒤, 개신교 신자가 되어 성실히 살았으며, 목사 안수를 받아 하느님의 일을 하였다. 관용과 뉘우침 그리고 용서의 꽃이 아름다운 화해의 열매를 맺은 것이다.

용서와 함께할 수 없는 것에는 복수가 있다. 복수는 자신에게 해를 입힌 사람에게 원한을 갚기 위하여 해를 주는 행위이다. 복수가 자기 보존의 유효한 수단이라는 사고방식도 있다. 구약 시대의 모세 율법에 나오는 "눈은 눈으로, 이는 이로 갚는다."(레위 24,20)라는 동태 복수법은 무제한 보복을 교정하고 일대일의 보복으로 그치도록 제한한 것이다. 이는 황야 지역에서 지켜야 할 사회 정의의 표현이었다(레위 24,17-21 참조). 그러나 예수님께서는 제자들에게 원수까지도 용서하라고 하셨고, 복수하는 것보다는 오히려 악을 선으로 갚도록 가르치셨다. 성 바오로 사도 역시 선으로 악을 이기도록 가르쳤다. "스스로 복수할 생각을 하지 말고 하느님의 진노에 맡기십시오. 성경에서도 '복수는 내가 할 일, 내가 보복하리라.' 하고 주님께서 말씀하십니다."(로마 12,19) 예수님께서는 산상수훈에서 온유하고 자비로운 사람들을 칭찬하셨다. "행복하여라, 온유한 사람들! 행복하여라, 자비로운 사람들!"(마태 5,5.7)

이처럼 복수는 하느님께서 멀리하시는 일이고, 자비와 온유가 참된 행복을 얻는 방법임을 알 수 있다. 우리는 이를 실천해야 한다.

자비는 다른 이에게 베푸는 일이다. 그리고 이를 실천하는 이는 약속된 하늘나라의 보상을 얻게 된다. 하느님께서는 사랑이시며 대자대비하신 분이다. 이런 하느님께서 어떠한 분인지를 알려 주신 예수님의 마음이 바로 대자대비의 마음이다. 이를 '예수 성심聖心'이라고 한다. 이는 죄인, 나약한 이, 불행한 이, 심지어는 자신을 박해하고 못 박는 이들까지도 모두 용서하는 마음이다. 그분께서는 착한 목자이며 착한 사마리아인이셨다. 그러기에 그분 제자가 되는 징표는 서로 사랑하는 것이다. 이는 서로를 향한 배려와 용서, 그리고 이해로서 드러난다. 성 바오로 사도는 "마음에서 우러나오는 동정과 호의와 겸손과 온유와 인내를 입으십시오."(콜로 3,12)라고 가르쳤다. 메마르고 각박한 경쟁 사회를 살아가고 있지만, 그리스도인들이 다른 이들을 위해 선행을 베푼다면 우리 사회는 지금보다 더 좋아질 것이다. 이를 잘 보여 주는 일화가 있다.

한 아버지가 세상을 떠나기 전, 아들에게 이런 부탁을 하였다. "나를 늘 괴롭혀 왔던 앞집 사람 때문에 편안히 눈을 감을 수가 없구나. 어떻게 하면 늘 저 사람에게 복수를 할까 궁리하면서 지금까지 오게 되었어. 네가 부디 꼭 원수를 갚아다오."

그리고 아버지는 얼마 후 세상을 떠났고, 아들은 10년간 복수를 다짐하며 살아 왔다. 그사이에 결혼하여 신앙심 깊은 부인의 인도로 성당에 다니게 되었다. 그는 교리를 배우며 예수님의 가장 큰 가르침이 하느님과 이웃을 사랑하라는 계명이라는 걸 깨닫게 되었다. 그래서 아버지가 자신에게 부탁한 이웃집 사람에 대한 복수를 해야 하는가에 대해 고민하기 시작했다. 결국 가톨릭 신자가 되면 아버지의 복수를 행할 수 없을 것 같아서 세례를 받는 것을 미루게 되었다. 그렇게 6개월이 지난 어느 날, 이웃집 사람의 아들이 찾아왔다. 그는 이렇게 말하였다. "저희 아버님께서 곧 돌아가실 것 같습니다. 아버님이 어머님으로부터 대세를 받고 천주교 신자가 되셨는데, 꼭 한 번 뵙고 싶다고 하시더군요."

그는 죽어 가는 사람의 소원이라도 들어줄 겸 찾아가 보았다. 그랬더니 놀라운 이야기를 듣게 되었다.

"내가 자네 아버님에게 심하게 욕을 하고 때린 적이 있었네……. 그리고 동네에서 완전히 매장시켜 버렸어. 정말 잘못했네. 제발 용서해 주게나."

그는 노인의 진실한 뉘우침을 듣고 눈물을 흘리며 모든 걸 용서했다. 그리고 마침내 세례를 받아 참된 신앙인으로 살아가고 있다.

창세기에는 야곱과 에사우의 화해 이야기가 나온다. 불콩죽 한 그릇에 장자권을 넘긴 에사우는 어머니의 간계로 장자의 축복을 받지 못하자 동생을 죽이기로 결심하였다. 이로 인해 수년 동안 미워하면서 헤어져 살게 된 그들이 극적으로 화해하게 된 이야기는 참으로 아름답다(창세 32-33장 참조).

살아가면서 누군가와 감정적으로 얽히고설킨 일이 있으면 어떤 방법으로든지 용서하고 화해해야 한다. 미움이 사랑으로, 복수가 화해로 변화되는 것이야말로 참된 그리스도인의 삶이라고 할 수 있지 않을까. 우리는 이를 통하여 예수님의 참제자 되는 삶을 살 뿐 아니라, 그리스도의 향기를 풍기는 신앙인이 될 수 있다. 용서와 화해는 모든 그리스도인들이 실천해야 할 덕목이다. 성직자들과 수도자들도 이 점에 있어서는 예외가 아니다. 이런 아름다운 주제를 잘 보여 주는 한 가지 일화를 더 소개하고자 한다.

아일랜드 출신의 한 수녀가 있었다. 그는 십대 후반의 나이에 수도원에 들어갔다. 첫 서원을 받은 뒤에는 잉글랜드의 분원으로 소임지가 바뀌게 되었다. 수도원에서 가장 나이가 어린 수녀였으므로, 매일 아침 다른 수녀들보다 먼저 일어나 난로에 불을 지펴야 했다. 아침 일찍 일어나 불을 지피는 일이 쉽지는 않았으나 기쁜 마음으로 이를 행하고 있었다. 그런데 어느 날부터인가 원장 수녀가 자신이 애써 지펴 둔 난롯불을 모두 꺼 버리는 모습을 보게 되었다. 젊은 수녀는 원장 수녀가 너무도 미운 마음에 뜨거운 찻물을 머리에 부어 버리고 싶다는 생각까지 하게 되었다. 우여곡절 끝에 1년간의 분원 생활이 끝나고 다른 곳으로 소임지를 옮길 때가 되었다. 과거에는 수녀원을 나서기 전에 장상 앞에 무릎을 꿇고 겸손하게 강복을 청하는 관습이 있었다. 젊은 수녀는 무릎을 꿇고는 강복을 청하지 않고, 원장 수녀를 똑바로 쳐다보면서 이렇게 쏘아붙였다.

"원장 수녀님, 저는 수녀님을 미워합니다."

그리고는 아무런 말도 하지 않은 채 새로운 소임지로 떠났다. 아일랜드 남쪽에 있는 분원으로 발령받아 가 보니, 그곳은 날씨도 좋고 원장 수녀도 대단히 훌륭한 분이었다. 그리고 일주일 즈음 지나, 임종하기 직전의 수녀들을 돌보는 소임을 받게 되었다. 마침 그때 결핵을 앓고 있는 어떤 나이든 수녀가 거의 회복될 가망이 없어 이곳으로 온다는 연락이 왔다. 임종을 맞으러 오는 것이었다. 알고 보니 그는 다름 아닌 잉글랜드 분원에 있을 때 자신을 괴롭혔던 원장 수녀였다. 이 소식을 들은 젊은 수녀는 '나를 못 살게 하더니 벌을 받았군. 어디 두고 보라지!' 하고 생각했다.

며칠이 흘러 원장 수녀가 도착했다. 원장 수녀는 자신이 그토록 괴롭혔던 수녀가 자신을 돌보게 된다는 것을 알고는 깜짝 놀랐다. 젊은 수녀는 눈인사만 하고는 대충 시중을 들기 시작했다. 이렇게 해서는 안 된다고 생각하면서도 어쩔 수 없었다. 그도 마음이 편하지 않았으나, 원장 수녀를 사랑으로 대해 주려고 해도 잘 되지 않았다. 자신이 당했던 온갖 수모와 고초가 생생하게 머리에 떠올랐기 때문이다.

그러던 어느 날, 임종을 준비하던 원장 수녀가 젊은 수녀의 손을 잡고 울면서 용서를 청하였다. "나하고 지낼 때 고생 많았죠? 제가 너무 지나쳤습니다. 용서해 줘요." 그리고는 눈물을 흘리기 시작했다. 젊은 수녀는 이 말을 듣고 마음이 복잡한 상태로 며칠을 보냈다. 그런데 놀랍게도 그의 마음속에도 변화가 일기 시작했다. '수녀님이 내게 용서를 청하는데 이걸 거절해도 되는 걸까? 그래도 서원을 하고 수도자로 살아가고 있는데…….'

그렇지만 자신에게 왜 그렇게 심하게 대했는지 물어보고 싶었다. 그러자 원장 수녀는 이렇게 말하였다. "수녀님이 우리 분원으로 왔을 때, 저는 몸이 좋지 않았어요. 그래서 수녀님의 젊음이 너무나 부러웠어요. 저도 한때 그런 적이 있었으니까요. 그러나 지금은 이렇게 죽어 가고 있으니……. 예전이 그립기도 하고, 죽고 싶지 않다는 마음이 자꾸만 들었지요. 그래서 저도 모르게 수녀님에게

못된 행동을 하게 되었던 거예요."

젊은 수녀는 그 이야기를 듣고 원장 수녀의 손을 가만히 잡았다. 그 손은 너무도 따뜻하고 포근했다. 자신에게 소리를 지르고 난롯불을 꺼 버리던 모습은 더 이상 볼 수 없었다. 그리고 자신에게 했던 모든 잘못을 용서하였다.

이따금씩 묘지에 방문할 때가 있다. 묘지는 죽은 이들을 위하여 기도할 수도 있고, 화해할 수 있는 좋은 장소이다. 물론 무덤 앞에 서서 살아생전에 그들이 한 일 중에서 마음에 들지 않았던 일이 생각나기도 한다. 죽은 자는 말이 없다. 그러나 기도로서 서로 용서하고 주님 안에서 화해를 청한다. 나는 1년에 한 번 정도 성직자 묘지에 간다. 같은 날 사제품을 받은 동료 사제도 있고, 많은 선·후배 사제가 그곳에 묻혀 있다. 불편하고 거북한 관계였던 이들도 있으나, 기도를 통해 화해하며 '편안히 쉬소서.'라고 이야기하고 나면 마음이 편해진다. 우연히 오래된 앨범을 볼 때도 있다. 함께 테니스를 친 사람들, 등산 중에 노래하며 웃고 즐기던 모습, 성지 순례, 축하식, 졸업식 등등의 순간이 모두 아련하게 다가온다. 수십 년이 지나도 고마웠다고 하는 신자들이 있는가 하면, 나도 모르게 서운한 마음이 들게 하는 이들도 있다. 하지만 잠시 이런 마음이 들었다가도 곧 용서와 화해의 기도를 드리곤 한다.

앞에서도 이야기했듯, 예수님의 가르침은 앙갚음을 사랑으로 대하는 것이다. 복수는 증오심을 불러일으켜 서로를 원수로 만든다. 복수는 사람을 죽이나 사랑은 사람을 살린다. 그러므로 우리는 언제나 모든 것을 사랑의 방법으로 해야 한다. 이러한 모든 과정에 하느님께서 함께하신다. 그러므로 우리는 주님의 기도를 통하여 진정으로 용서하고 화해할 수 있도록 청해야 한다.

또한 이러한 용서와 화해를 이야기할 때 우리가 반드시 극복해야 할 문제 중 하나로, 인종 갈등과 지역 갈등을 꼽을 수 있다. 세계 곳곳에서 벌어지고 있는 수많은 참상과 전쟁, 인종 갈등, 지역 갈등은 반드시 극복해야 할 문제이다. 적어도 예수님을 주님으로 믿고 고백하는 그리스도인들부터 이를 해결하기 위해 노력해야 하지 않을까? 주님의 기도에서 하느님을 하늘에 계신 아버지라고 부르는 것처럼, 한 분이신 아버지의 피조물인 인류는 모두 형제자매이다. 이런 의미에서 보더라도 이러한 갈등을 극복하기 위해 힘써야 한다.

7) 유혹을 이기게 하소서

이 세상에 곳곳에는 유혹이 많다. 영성 생활을 하는 이들은 누구나 유혹을 이겨 내야 하지만 쉽지 않기 때문에 영성 생활이 크게 진보하지 못하는 것이다. 여기서 말하는 유혹은 악으로 유인하는 좋지 않은 것을 말한다. 그렇다면 유혹은 무엇인가?

예를 들어 보면 쉽게 이해할 수 있다. 그리스도인들은 대축일 몇 개를 제외하고는 금요일에 금육을 지키도록 되어 있다. 예수님의 십자가 죽음이 금요일에 있었으므로, 이를 기억하면서 육식을 하지 않고 극기하자는 신심에서 이런 규정이 생긴 것이다. 어느 날 퇴근을 하고 집으로 돌아가던 중, 주변 식당에서 풍기는 고기 굽는 냄새에 고기를 먹고 싶은 생각이 들었다면 어떨까? 이는 금육을 지키려는 이에게는 유혹임에 틀림없다. 하지만 금육을 지키려고 고기를 먹지 않았다면 이는 유혹을 이겨 낸 것이다. 그러나 금육은 다음에 지키기로 하고 고기를 먹는다면 유혹에 넘어간 것이라고 볼 수 있다.

이렇게 보면 유혹은 죄악의 길로 꾀는 것을 말한다. 토마스 아퀴나스 성인은 유혹은 대부분 악령에게서 온다고 주장하였다. 악령이 하는 주된 업무는 사람들을 유혹하여 하느님으로부터 멀어지도록 하기 때문이다. 성 베드로 사도는 악령을 이렇게 비유하였다. "정신을 차리고 깨어 있도록 하십시오. 여러분의 적대자 악마가 으르렁거리는 사자처럼 누구를 삼킬까 하고 찾아 돌아다닙니다. 여러분은 믿음을 굳건히 하여 악마에게 대항하십시오. 여러분도 알다시피, 온 세상에 퍼져 있는 여러분의 형제들도 같은 고난을 당하고 있습니다."(1베드 5,8-9)

그러나 모든 유혹이 악령에게서 오는 것은 아닌 것 같다. 왜냐하면 성 야고보 사도는 "사람은 저마다 자기 욕망에 사로잡혀 꼬임에 넘어가는 바람에 유혹을 받는 것입니다."(야고 1, 14)라고 했기 때문이다. 이러고 보면 어떤 유혹은 인간의 이기심이나 현세적인 욕심에서 온다고 할 수 있다.

성경을 읽어 보면 하느님께서 우리를 단련시키기 위하여 유혹을 허락하실 때도 있다는 것을 알 수 있다. 이는 바로 시험이다. 우리가 공로를 세울 수 있는 기회를 주시기 위하여 시험하시는 것이다. 대표적인 예는 구약 성경에 나오는 욥에게 허락하신 유혹이다.

욥은 늘 하느님께 충성과 효성을 다하는 성실한 사람이었다. 그러나 하느님께서 그의 믿음을 보시기 위하여 유혹을 허락하셨다. 그리하여 재산과 자녀들, 건강을 모두 잃고 인간적으로 비참한 신세가 되었지만 그분을 원망하지는 않았다. 그 모든 것을 하느님께서 주셨다가 도로 가지고 가셨다는 믿음을 가지고 있었기 때문이다. 여러 가지 어려운 유혹을 당하였지만 모두 용감하게 이겨 냈으므로, 하느님께서는 더 많은 축복으로 갚아 주신 것이다. 우리가 욥의 사례에서 깨닫게 되는 것은 다음과 같다. 비록 하느님께서는 우리의 신앙심과 충성심을 보시기 위하여 유혹을 허락하시지만 언제나 이를 이겨 낼 수 있도록 도와주신다는 점이다. 이 점에 대하여 성 바오로 사도는 이렇게 말했다. "시련과 함께 그것을 벗어날 길도 마련해 주십니다."(1코린 10,13) 그러므로 어느 면에서 보면 유혹은 필요하다.

아우구스티노 성인은 시편 해설에서 영원한 세상을 향하여 나아가는 순례 여정에서 유혹이 없을 수 없다고 전제하면서, 유혹은 우리의 영성 생활의 진보를 위하여 꼭 필요하다고 하였다. "유혹에서 승리하지 못하면 아무도 자기 자신을 알지 못합니다. 유혹에서 승리하지 않으면 월계관을 받지 못하고 투쟁하지 않으면 이겨 내지 못하며 원수가 없거나 유혹을 당하지 않으면 투쟁할 수 없습니다." 성 야고보 사도 역시도 이를 두고 다음과 같이 말하였다. "시련을 견디어 내는 사람은 행복합니다. 그렇게 시험을 통과하면, 그는 하느님께서 당신을 사랑하는 이들에게 약속하신 생명

의 화관을 받을 것입니다."(야고 1,12)

그러므로 인간의 노력과 하느님의 도우심으로 유혹을 이겨 내면 헤아릴 수 없는 영적인 유익을 얻을 수 있다. 우선 유혹을 이기면 늘 인간을 악으로 유인하는 악령에게 굴욕적인 치욕을 준다. 왜냐하면 악령에게 실패를 맛보게 하기 때문이다. 그다음으로는 하느님의 영광을 드러내고 우리의 영혼을 정화시키며, 겸손한 마음과 회개하는 마음, 그리고 하느님의 도우심을 신뢰하는 마음을 갖게 한다. 또한 유혹을 이기기 위해서는 언제나 기도해야 한다는 것을 알게 된다. 여기에 대하여 성 바오로 사도는 "서 있다고 생각하는 이는 넘어지지 않도록 조심하십시오."(1코린 10,12)라고 하였다. 유혹에 이기기 위해서는 기도보다 더 좋은 무기는 없다.

유혹에 대하여 말할 때 우리 교회는 전통적으로 세 가지 원수, 즉 삼구三仇라 하여 악령과 육신, 세속을 일컬어 왔다. 이 세 가지 원수에 대하여 알아보기로 하자.

❶ 악령의 유혹

나는 한동안 악령의 존재에 대하여 회의적이었다. 악령이 없다고 생각했던 것이다. 그러므로 성경을 읽거나 공부할 때 다소 곤혹스러웠다. 그런데 본당 신부 시절에 악령 들린 이를 만나 고생을 한

다음부터는 악령의 존재를 인정하게 되었다. 지금도 그때를 회상해 보면 아찔하다.

본당의 한 자매가 어느 날부터 갑자기 비정상적으로 행동하기 시작하더니 나를 포함하여 교우들까지 괴롭히기 시작했다. 건강하게 잘 살고 있는 이에게 대뜸 골수암에 걸렸다고 악담을 퍼붓는가 하면, 수시로 성당에 전화를 걸어 괴롭히기도 하였다. 다른 이의 과거사를 이야기하기도 하고, 현재 무슨 생각을 하고 있는지, 또 심지어 미래에 다가올 일을 말하기도 했다. 참으로 놀라운 것은 내가 잘했던 것은 물론이고, 잘못했던 일까지도 다 이야기하는 것이 아닌가. 그래서 언제나 영혼을 깨끗하게 간직해야만 악령을 대적할 수 있다는 것을 깨닫게 되었다. 하루는 그 자매에게 성수를 뿌리고 기도를 했다. 그리고 감실 앞으로 데려가 기도를 하였더니, "나는 옥황상제가 보내서 왔다."라고 하면서 악령들이 자기를 괴롭힌다고 실토하였다. 그날 이후로 그 자매의 기묘한 행동은 잠잠해졌다. 나는 이런 일을 겪은 뒤로 악령의 존재를 인정하게 되었다. 그리고 성령 기도를 하면서 악령의 존재를 여러 번 체험하게 되었다.

어떤 신자가 들려준 이야기도 기억에 남는다. 어느 날, 어딘가를 지나가고 있는데 사람들이 많이 모여 있기에 가 보았더니 굿을 하고 있었다. 한참 신나게 북을 치던 무당이 주위를 둘러보다가 그를 향하여 큰 소리로 "저 예수 귀신 나가라!" 하고 소리를 지르더라는 것이다. 누구를 보고 소리를 지르는지 몰라 가만히 있었는데, 자신을 보고 그랬다는 걸 알고는 얼른 그 자리에서 피했다고 했다. 굿을 하던 그 무당은 자신이 세례 받은 신자라는 것을 알았던 것이다. 그는 그 순간, 세례를 받으면 없어지지 않는 인호가 영혼에 새겨진다는 교리가 생각났다고 했다.

〈엑소시스트〉라는 영화가 있다. '엑소시스트exorcist'는 악령을 쫓는 퇴마사라는 뜻이다. 이 영화를 보면 한 소녀가 악령의 지배를 받아 초인적인 힘을 발휘하고, 이상한 언어, 즉 한 번도 배운 적 없는 라틴어로 말도 한다. 또 예언을 하며 공중으로 떠오르는 기묘한 행동을 한다.

성경은 악령의 존재를 여러 번 이야기한다. 창세기 3장 이하에 나오는 아담과 하와의 이야기를 보면, 그들이 죄를 짓도록 유혹한 뱀의 이야기가 나온다. 여기서 악령은 뱀의 모습으로 등장한다. 그리고 교묘한 방법으로 사람을 유혹한다. 그리고 이 유혹으로부터 일어난 아담과 하와의 범죄는 비참한 결과를 가져왔다. 악령이 하와를 유혹한 그 내용을 한 번 살펴보자. 악령은 하와에게 이렇게 접근한다. "하느님께서 '너희는 동산의 어떤 나무에서든지 열매를 따 먹어서는 안 된다.'고 말씀하셨다는데 정말이냐?"(창세 3,1) 아직 악령이 직접적으로 유혹을 하지는 않았으나, 그 속셈을 알 수 있다. 은근히 접근하며 간단한 질문으로 마음을 떠보는 것이다. 이는 악을 선동하지는 않지만 위험에 대한 미끼이다. 이를 깨닫는 사람은 그 유혹을 거절하고 생각과 마음을 다른 데로 돌려 버린다. 그러나 이를 깨닫지 못하고 유혹에 귀를 기울인다면 넘어갈 위험에 처하게 된다.

"우리는 동산에 있는 나무 열매를 먹어도 된다. 그러나 동산 한가운데에 있는 나무 열매만은, '너희가 죽지 않으려거든 먹지도 만지지도 마라.' 하고 하느님께서 말씀하셨다."(창세 3,2-3)

하와는 하느님께서 나무 열매를 먹지 말라고 금하신 사실을 알고 있었다. 그리고 그분께 불순종하기를 원하지는 않았으나, 이에 순종하지 않을 때 일어날 결과는 예측하고 있었다. 하와는 악의 유혹을 과감하게 물리치지 못하고 대화를 끌고 나갔다. 그러자 악령은 다시 더 강하게 접근하여 유혹한다. "너희는 결코 죽지 않는다. 너희가 그것을 먹는 날, 너희 눈이 열려 하느님처럼 되어서 선과 악을 알게 될 줄을 하느님께서 아시고 그렇게 말씀하신 것이다."(창세 3,4-5)

악령은 이러한 가능성을 제시하며 유혹한다. 마음의 번민을 느낀 하와는 그 나무를 쳐다본다. 그 열매는 먹음직스럽고 보기에 탐스러울 뿐 아니라, 사람을 슬기롭게 해 줄 것 같았다. 과감하게 유혹을 물리칠 수 있었으나, 하와는 결국 하느님처럼 되고 싶다는 유혹에 빠져 그 열매를 먹었다. 그리고 아담에게도 건넸다. 그러자 그들의 눈이 열려 자신들이 알몸인 것을 깨닫고 무화과나무 잎을 엮어 입었다. 그들은 두려운 마음에 동산 나무 사이에 숨게 된다(창세 3,6-7 참조).

하느님께서 그들을 찾으시자, 아담은 이렇게 대답한다. "동산에서 당신의 소리를 듣고 제가 알몸이기 때문에 두려워 숨었습니다."(창세 3,10) 그러자 하느님께서는 그들이 알몸인 것을 누가 일러주었냐고 물으셨다. 아담은 자신의 아내인 하와가 그랬다고 말하고, 하와는 뱀에게 그 탓을 돌린다. 그 결과로 아담과 하와, 뱀은 모두 벌을 받게 된다.

"네가 이런 일을 저질렀으니 너는 모든 집짐승과 들짐승 가운데에서 저주를 받아 네가 사는 동안 줄곧 배로 기어 다니며 먼지를 먹으리라."(창세 3,14)

"나는 네가 임신하여 커다란 고통을 겪게 하리라. 너는 괴로움 속에서 자식들을 낳으리라. 너는 네 남편을 갈망하고 그는 너의 주인이 되리라."(창세 3,16)

"너는 사는 동안 줄곧 고통 속에서 땅을 부쳐 먹으리라. 너는 흙에서 나왔으니 흙으로 돌아갈 때까지 얼굴에 땀을 흘려야 양식을 먹을 수 있으리라. 너는 먼지이니 먼지로 돌아가리라."(창세 3,17.19)

성 베드로 사도는 에페소 신자들에게 보낸 서간에서 악령의 세력을 전제하면서 영적 투쟁에 힘쓰도록 권고한다. "끝으로, 주님 안에서 그분의 강한 힘을 받아 굳세어지십시오. 악마의 간계에 맞설 수 있도록 하느님의 무기로 완전히 무장하십시오. 우리의 전투 상대는 인간이 아니라, 권세와 권력들과 이 어두운 세계의 지배자들과 하늘에 있는 악령들입니다. 그들에게 맞설 수 있도록, 하느님의 무기로 완전한 무장을 갖추십시오. 무엇보다도 믿음의 방패를 잡으십시오. 구원의 투구를 받아쓰고 성령의 칼을 받아 쥐십시오. 성령의 칼은 하느님의 말씀입니다."(에페 6,10-20)

악령이 하는 주된 일은 사람을 유혹하여 자신의 영향력을 미치는 것이라고 하였다. 악령은 두 가지 방법으로 능력을 드러낸다. 첫 번째는 사람에게 영향을 미치거나, 두 번째는 사람을 사로잡는 방식이 그것이다.

- 악령의 영향을 받음(魔襲, obsessio diabolica)

성경에 나오는 하나니아스는 악령의 유혹에 빠져 죄를 범하였다. "하나니아스, 왜 사탄에게 마음을 빼앗겨 성령을 속이고 땅값의 일부를 떼어 놓았소?"(사도 5,3) 토마스 아퀴나스 성인에 따르면 악령은 사람을 설득하거나 권유하고, 또는 어떤 욕망을 일으킴으로써 죄의 원인을 제공한다. 또한 상상하거나 기억하게 하게 하여, 혹은 감성적 욕망 등을 충동질하여 죄로 유인한다. "악마가 이미 시몬 이스카리옷의 아들 유다의 마음속에 예수님을 팔아넘길 생각을 불어넣었다."(요한 13,2)

평소에는 악령의 유혹이나 힘을 느끼지 못하지만, 악령이 힘을 가할 때는 그 현존과 행위가 너무나 뚜렷하여 본인이나 영성 지도자는 이를 의심 없이 느끼게 된다. 이는 인간의 정서에 영향을 주어 의심, 분노, 미움, 원망, 반감 등을 일으킬 수 있다. 그러므로 겸손의 마음을 지니며, 하느님에 대한 신뢰, 성모님의 보호를 청하고 준성사를 받는 것이 좋다. 또한 영적 지도 신부의 지도를 받아 열심히 기도함으로써 해결할 수 있다.

육체적 영향은 덕행을 실천하는 등의 일을 하찮게 생각하도록 하여 온갖 감각을 충동질한다. 때로는 저주를 퍼붓거나 음담패설, 무서운 소리나 함성, 혹은 육욕을 불러일으키는 달콤한 소리나 음악을 들려준다. 후각으로는 가장 상쾌한 향기나 참기 어려운 악취를 맡도록 한다. 미각은 여러 가지 방법으로 영향을 받게 하고, 촉각 또한 여러 가지 유혹을 일으킨다. 그래서 성 베드로 사도는 "정신을 차리고 깨어 있도록 하십시오. 여러분의 적대자 악마가 으르렁거리는 사자처럼 누구를 삼킬까 하고 찾아 돌아다닙니다."(1베드 5,8)라고 권고한 것이다.

이렇게 보면 악령은 사람의 약한 부분을 공격한다는 것을 알 수 있다. 어떤 사람에게는 게으름을 이용하고, 어떤 사람에게는 음식이나 술로, 혹은 성적인 유혹으로 공격하기도 한다. 그러므로 각자는 자기의 취약점을 잘 아는 것이 중요하며, 이에 대처하고 경계하도록 해야 한다. 기습적인 공격이나 예상될 수 있는 공격을 사전에 방어하기 위해서는 깨어 있어야 한다. 이는 마치 전방에서 철저히 대비해야 언제 닥칠지 모르는 적의 공격에 대비할 수 있는 것과 비슷하다고 할 수 있다. 악령의 유혹도 이와 비슷하다. 경계와 더불어 반드시 필요한 것은 기도이다.

종합하면, 악령의 영향은 다음 경우들 중 하나에서 기인한다. 첫 번째는 하느님의 허락이다. 구약 성경의 욥은 하느님을 충실히 섬기던 의인이었다. 그러나 하느님께서는 그가 사탄의 유혹을 받도록 하셨다. "우츠라는 땅에 한 사람이 있었는데 그의 이름은 욥이었다. 그 사람은 흠 없고 올곧으며 하느님을 경외하고 악을 멀리하는 이였다. '좋다, 그의 모든 소유를 네 손에 넘긴다. 다만 그에게는 손을 대지 마라.'"(욥기 1,1.12) 이리하여 욥은 여러 차례 유혹을 받았다. 이런 경우는 하느님께서 그 사람의 덕행을 시험하고, 그 공로를 증가시키기 위하여 허락하시는 경우이다.

두 번째는 악마의 시기와 질투이다. 악마는 사람들이 수련을 쌓고 열심히 사는 것을 시기하여 여러 가지 방법으로 공격한다. 이를 잘 보여 주는 일화가 있다.

냉담 중인 한 자매가 있었다. 그를 회두하기 위하여 신심 깊은 신자가 그 집을 방문하려고 전화를 여러 번 걸어 보았지만 받지 않았다. 할 수 없이 그 집에 방문하여 초인종을 눌렀지만 아무런 응답이 없었다. 하도 이상하여 아래층에 사는 신자 집에 가서 물어보자 분명히 집에 있다고 했다. 이웃과 함께 가서 현관문을 세게 두드리자 주인이 나왔다. 그런데 전화기나 초인종도 아무런 문제가 없었다. 더구나 그 자매는 임신 중으로 외출하기 어려운 상황이었던 것이다. 이는 악령이 신앙생활을 못하도록 막은 것이었다.

또 다른 일화도 있다. 귀촌하여 성당에 열심히 다니는 클로틸다라는 신자가 있었다. 그가 사는 마을 사람들 대부분은 미신에 빠져 있었고, 가톨릭 신자는 아무도 없었다. 그래도 열심히 전교를 하면서 한 자매에게 기도와 교리를 가르쳤다. 어느 날 본당의 수녀님과 신자들을 모시고 그 집을 방문해 보니 안방 벽에 부적이 붙어 있었다. 수녀님이 부적을 떼어 내어 태우고 있었는데 클로틸다의 입에서 "또 있잖아요."라는 소리가 나왔다. 찾아보니 그 집주인 자매가 들고 다니던 가방 안에 부적이 있었다. 그래서 가방 안에 있는 부적을 태우는데 "부적이 또 있어요."라는 말이 저절로 나왔다. 집주인이 더 이상 부적은 없다고 했으나, 집 안을 샅샅이 찾아보니 베개 속에도 있었다. 가방 속에 있던 부적을 태울 때는 악취가 진동을 했다. 다른 사람들은 그 냄새를 맡지 못했으나 클로틸다만 맡았다. 그날부터 악령의 장난이 시작되어 클로틸다와 그 집주인은 꿈자리도 뒤숭숭하고, 몸도 이상해지는 등 안 좋은 일을 겪게 되었다. 그래서 이는 악령의 장난이라는 걸 깨닫고 9일 기도를 시작하였다. 놀랍게도 기도가 끝나자 모든 게 좋아졌다고 했다.

악령은 성덕이 충만한 성인들도 괴롭혔다. 안토니오 성인만큼 악령의 공격을 받은 성인도 드물 것이다. 아타나시오 성인은 안토니오 성인이 겪었던 유혹을 다음과 같이 전한다. 악령은 성인이 수도 생활에 대한 회의를 느끼게 하고, 여성으로 변하여 성적으로 유혹하기도 하였다. 그래도 성인이 굴복하지 않자 죽을 만큼 때리기도 하였으나 실패하였다. 그러자 소음과 지진을 일으켰고, 온갖 무서운 동물들(사자, 곰, 황소, 뱀, 독사, 전갈, 늑대)의 환영으로 나타나 맹렬하게 공격하였다. 어느 날은 황금으로 유혹하고, 이상한 소리를 지르면서 괴롭혔다. 악령들은 모든 수단을 다 쓰며 성인을 유혹하였으나 성공하지 못했다. 그러자 마침내 자신의 존재를 드러내면서 성인에게서 떠나갔다. 안토니오 성인이 유혹을 이겨 낼 수 있었던 것은 바로 열렬한 기도 덕분이었다. 성인이 간절하게 바쳤던 그 기도 덕택에 스스로를 지킬 수 있었던 것이다.

마르티노 성인 역시도 악령의 유혹을 많이 받았다. 임종이 가까워진 순간, 악령이 성인에게 다가와 괴롭히기 시작하였다. 성인은 이렇게 소리 지르며 악마를 물리쳤다고 전해진다. "피에 얼룩진 짐승아, 너는 여기서 무엇을 하는 거냐? 네가 받을 것이란 아무것도 없다. 아브라함의 품이 지금 나를 받아들이고 있다!"

예수의 데레사 성녀도 여러 곳에서 악령의 유혹과 장난을 언급하고 있다. 성녀는 이렇게 이야기하였다. "악마가 여기서 노리는 것은 결코 작은 일이 아닐 것입니다. 수녀들 사이에 애덕을 식히는 것은 크나큰 손해입니다."

요한 마리아 비안네 성인의 전기에서도 악령들이 이상한 소리를 지르기도 하고, 침대를 엎으면서 괴롭힌 이야기가 나온다.

나는 은퇴 사제로 살면서 주말에는 근처 성당에 나가 미사를 드리고, 구역 반 모임에도 참여하고 있다. 그러면서 본당 신자들과 가깝게 지냈는데, 하루는 내가 사는 아파트 건너편에 사는 신자가 이러한 이야기를 했다. "두어 달 전에 점쟁이가 이 아파트로 이사를 와서 점집을 시작했습니다. 그런데 점괘가 잘 맞지 않는지 이사를 가 버렸지요. 그리고 또 다른 점쟁이가 이사를 왔는데 그 사람도 똑같은 일을 겪고는 다른 곳으로 가 버렸습니다."

나는 그 말을 듣고 이렇게 대답했다. "여러분처럼 신심 깊은 분들이 사는데 점괘가 맞겠습니까? 매일 집에서 기도하세요. 아침, 저녁 기도는 물론이고 묵주 기도, 성경 읽기, 성가를 부르며 자주 집에 성수를 뿌리세요. 그래야 점쟁이가 힘을 못 쓰게 됩니다."

이와 비슷한 일이 어느 성당 구역에서 있었다. 골목 근처에 점집이 생겼는데, 그 점집은 성당을 오고 갈 때 지나다니는 길가 옆에 있었다. 그러던 어느 날, 소문을 들으니 점집이 안 되어 이사를 가 버렸다고 했다. 나는 이렇게 말했다. "신자들이 기도를 드리며 지나다니는 길이니 점괘가 맞을 리가 없습니다. 성당에 가실 때나 집에 돌아가실 때 묵주 기도를 바치시지 않습니까? 악령은 기도 소리를 싫어합니다. 또한 여러분은 세례를 받아 불멸의 인호를 받으셨지요. 그러니 악령이 인호를 받은 사람들을 보면 도망가는 겁니다."

- **악마의 영향을 받는 자연적 소인**

악령은 개개인의 가장 약한 점을 공략한다. 우울증이나 세심증, 불안이나 슬픔에 잘 빠지는 사람은 이런 유혹에 쉽게 넘어갈 수 있다. 구마와 치유 은사를 받은 신자가 간질을 앓고 있는 환자를 위해 기도하러 갔더니, 그 환자는 자리를 피해 버리고 말았다. 그래서 주님의 기도를 따라 하라고 하자, 평소에는 말을 잘 하던 이였는데도 따라하지 못하였다. 악령이 입을 막아 버린 것이다. 그럼에도 그를 위해 9년 동안 기도를 드리자 마침내 악령도 떠나갔다. 이와 같은 경우는 악령이 간질로 나타난 것이다. 그 환자는 평소에 기도하는 이들을 피하거나 괴롭혔지만, 미신을 좋아하던 이들과는 친하게 지내는 경향이 있었다.

물론 여러 종류의 신경증과 불균형을 무조건 악령의 유혹으로 생각하는 것은 건전하지 못하다. 반면에 악령의 유혹이 전혀 없다고 하는 것도 어리석은 생각이다. 성경과 성인들의 생애가 악령의 존재와 유혹을 잘 증명하고 있기 때문이다.

악령은 덕을 쌓으려 하거나 쌓은 이들을 유혹하는 경우가 많다. 그러기에 유혹을 이기고 꾸준히 정진해야 한다. 또한 악령이 실제로 몸을 할퀴거나 신체를 공격하는 경우가 있으므로 구마 기도를 할 필요가 있다. 구마 기도는 여러 가지로 할 수 있다.

† 사탄아, 물러가라. 예수님께로 가라. 예수님의 이름으로 묶고 끊어 버린다.

† 성 미카엘 대천사님, 싸움에서 저희를 지켜 주소서. 사탄의 악과 간계에서 저희를 보호해 주소서. 간절히 청하오니 하느님께서 명령하신 대로 사탄을 쫓아 버리소서. 천상 군대의 영도자 미카엘 대천사님, 영혼들을 멸망시키려고 세상을 떠돌아다니는 사탄과 모든 악령을 하느님의 힘으로 지옥으로 쫓아 버리소서. 아멘. ('성 미카엘 대천사께 드리는 간구' — 레오 13세 교황)

† 예수님과 그 어머니이신 마리아의 이름으로 명하노니, 너희 지옥의 악령들아, 우리에게서 떠나라. 다시는 여기에 나타나서 우리를 유혹하거나 해치지 마라. 예수님과 성모 마리아님, 그리고 성 미카엘 대천사님, 저희를 위하여 싸워 주소서. 수호천사님, 저희를 악령의 모든 함정에서 보호하소서. 성부의 축복과 성자의 사랑과 성령의 능력과 천상 모후의 보호와 천사들의 도움과 성인 성녀들의 전구가 우리 위에(형제 위에, 자매 위에, 여러분 위에) 머무시고, 언제나 어디서나 우리와(형제자매와, 여러분과) 함께하소서. 아멘.

성령 기도 중에 구마를 하는 경우도 많다. 성령 기도를 매일 하는 이들은 간단한 구마 기도를 한 후 다른 기도를 바치는 것이 보통이다. 성령 기도 중에 하품, 트림, 기침, 콧물, 가래 등이 나오는 경우가 있는데, 나는 이를 악의 기운이 나가는 것이거나 치유 과정으로 생각한다. 어떤 경우에는 대소변을 보기도 한다. 일반적으로 병마에 들렸다고 하는 경우도 있는데 이는 악령이 신체의 장기를 장악하는 경우이다. 믿기 어려우나 실제로 일어나는 현상이다. 더구나 신기한 것은 집에서 구마를 할 경우, 쫓겨난 악령이 그 집에서 키우는 애완동물에게 옮겨 가는 경우도 있다. 그리하여 개의 목이 뻣뻣해진다든가, 고양이가 움직이지 못하여 성수를 뿌리고 기도하자 움직이게 된 사례들도 있다.

• 악령 덮힘(附魔, possessio diabolica)

이는 악마가 살아 있는 사람의 몸을 침범하여, 그의 몸을 자신의 것처럼 마음대로 조종하고 움직이는 현상을 말한다. 그리하여 그를 통해 악령이 말도 하고, 이상한 행동을 하게 된다. 성경에도 다음과 같은 기록들이 있다.

"예수님께서 더러운 영에게 그 사람에게서 나가라고 명령하셨기 때문이다. 그 더러운 영이 그를 여러 번 사로잡아, 그가 쇠사슬과 족쇄로 묶인 채 감시를 받았지만, 그는 그 묶은 것을 끊고 마귀에게 몰려 광야로 나가곤 하였다."(루카 8,29)

"악령이 그들에게 '나는 예수도 알고 바오로도 아는데 너희는 누구냐?' 하였다. 그때에 악령 들린 사람이 그들에게 달려들어 그들을 모조리 억누르고 짓누르는 바람에, 그들은 옷이 벗겨지고 상처

를 입어 그 집에서 달아났다."(사도 19,15-16)

악령 덮힘(부마)에는 위기와 고요의 시기가 있다. 위기는 악의 맹렬한 공격으로 나타나지만, 악의 폭력은 계속되거나 오래 지속되지는 않는다. 이때는 악령이 행위, 말, 경련, 분노나 불경, 음탕 또는 독성 등으로 자신을 드러낸다. 부마된 사람의 영은 위기 동안에는 자유로운 의식을 지닌다. 악령이 강제로 차지하고 있는 자기 육신을 경이와 두려움으로 목격하기도 한다. 고요한 경우는 부마자의 몸에 악령의 현존을 나타내는 표시가 없다. 이때 악령이 나가 버린 것으로 생각되기도 한다. 그러나 악령의 현존은 만성 질병과 연관이 있을 수 있으니 주의를 요한다.

현대 의학으로 설명할 수 없는 경우도 있다. 하지만 앞서 말한 것처럼 부마와 비슷한 증세를 보이는 정신 착란증 등을 무조건 부마 현상으로 돌리는 것은 곤란하다. 사실 부마는 흔하지 않다. 그러나 교회를 모독하는 발언이나, 성물이나 성당에 출입하는 것을 몹시 싫어하거나 두려워하는 것, 숨겨져 있는 일을 알아내거나, 사람의 나이나 조건을 넘어선 힘을 드러내는 일 등은 부마로 볼 수 있다.

부마의 치료를 위해서는 고해성사, 영성체, 단식, 기도(마태 7,21; 마르 9,29), 준성사(성수 사용), 십자고상이 도움이 된다. 또한 성인들의 유해를 사용하거나, 예수님과 성모님의 이름을 부르는 것도 도움을 받을 수 있다. 어떤 사제든 구마 의식을 개인적으로 할 수 있으나 장엄 구마 의식을 하려면 먼저 부마 사실을 확인한 후 교구장의 허락을 받아야 한다. 그런 다음 구마자는 먼저 고해성사를 보고 단식과 기도를 하며 준비해야 한다. 이때 성당에서 신심 있는 목격자들 앞에서 구마를 하되, 위험한 순간을 대비하여 부마자를 제어할 수 있는 조력자들을 대기시켜 놓아야 한다. 왜냐하면 부마자들은 갑자기 사람을 해치는 경우가 있기 때문이다. 그 자리에 함께한 참가자들도 함께 기도해야 한다. 그러면 대개는 여러 가지 증상이 드러난다(악령의 출현, 악령이 하는 행동을 하는 등).

❷ 세속의 유혹

두 번째 유혹은 세속으로부터 온다. 세상 모든 것을 창조하신 분은 창조주 하느님이시다. 창세기를 보면 하느님께서는 당신이 창조하신 모든 것을 "보시니 좋았다."(창세 1,10; 12; 18; 21; 25 참조)라고 하셨다. 그러므로 우리가 살고 있는 이 세상은 원칙적으로 보면 영성 생활에 장애가 되지 않는다. 우리가 존경하고 공경하는 성인들의 삶을 보자. 그들도 모두 현세의 삶을 살면서도 이 세상에 있는 모든 것들을 잘 이용하여 성덕을 쌓았다. 우리도 그들을 본받는다면 이 세상은 구원의 도구가 될 것이다. 문제는 세상의 사물에 지나치게 집착하고, 하느님의 뜻에 따라 사용하지 않을 때이다. 이런 경우에 세상은 '세속世俗'이 되어, 저항할 수 없는 유혹의 원천이 되는 원수가 된다. 사람들이 모여 사는 곳에는 세속적인 선전과 하느님을 배척하는 요소가 있다. 그런 것들은 모두 영성 생활을 잘하려는 신자들에게는 크나큰 장애물이 된다. 세속적인 정신을 드러내는 외적인 표시는 네 가지로 볼 수 있다.

첫 번째는 허위적인 처세술이다. 세속은 쾌락, 명성, 권력 등을 찬양한다. 어떠한 방법을 사용해서라도 돈을 모으고, 부를 축적하여 권력을 잡으려 한다면 이는 분명히 세속적이다. 대표적인 이들이 일부 부패한 정치인들이다. 이런 이야기가 있다. 수녀와 정치인이 물에 빠져 허우적거리고 있다. 누구를 먼저 구해야 하냐고 신자들에게 물으면 누구나 수녀님이라고 답한다. 그런데 문제를 낸 이가 원하는 정답은 정치인이다. 이유는 정치인들은 너무 썩었기 때문에 물속에 오래 있으면 그 물이 오염된다는 것이다.

물질에 대한 유혹도 다른 어떤 유혹보다 강하다. 그래서 이 유혹은 성인군자나 수행자들까지도 헤어나지 못하게 한다. 기원전 9세기경, 북이스라엘에는 위대한 예언자 엘리야가 있었다. 또한 그의 제자 엘리사는 스승의 영을 받아 예언자로서 이스라엘 백성에게 하느님의 길을 제시하였다. 아람 임금의 군대 장수인 나아만이라는 이가 있었는데, 그는 나병 환자였다. 그는 엘리사 예언자의 말에 따라 요르단강에 가서 일곱 번 몸을 담갔다. 그랬더니 어린아이 살처럼 새살이 돋아나 문둥병이 순식간에 사라져 버렸다(2열왕 5,14 참조). 너무도 감격한 장군은 엘리사 예언자를 찾아가 이스라엘의 하느님을 찬양하였다. 그리고 열 탈렌트와 금 육천 세켈과 예복 열 벌을 선물로 내놓았다. 그러나 엘리사 예언자는 "내가 모시는 주님께서 살아 계시는 한, 결코 선물을 받을 수 없습니다."(2열왕 5,16) 하고 거절하였다. 나아만의 거듭된 청에도 엘리사 예언자는 끝내 이를 받지 않았다. 엘리사 예언자의 시종 게하지가 이를 보게 되었다. 그는 엘리사 예언자가 그 많은 금은보화와 귀한 옷들을 모두 돌려보내는 것을 보고 흑심이 생겼다. 그리하여 나아만을 쫓아가 거짓말을 했다.

"저의 주인님께서 저를 보내시어 이렇게 전하라고 하셨습니다. '지금 막 에프라임 산악 지방에서 예언자 무리 가운데 두 사람이 나에게 왔습니다. 그들에게 줄 은 한 탈렌트와 예복 두 벌을 보내 주십시오.' 나아만은 '기왕이면 두 탈렌트를 받아 주시오.' 하며, 억지로 은 두 탈렌트를 두 자루에 묶고 예복 두 벌을 젊은 부하 두 사람에게 주어, 게하지 앞에서 메고 가게 하였다."(2열왕 5,22-23)

게하지는 아무 일도 없었던 것처럼 스승 앞에 나아갔다. 그러자 엘리사 예언자가 어디를 갔다 왔느냐고 물었다. 그러자 게하지는 아무 데도 갔다 오지 않았다고 천연덕스럽게 말했다. 엘리사 예언자는 모든 것을 꿰뚫어 보고 이렇게 말하였다.

"'누군가가 너를 맞이하려고 병거에서 몸을 돌릴 때, 내 마음이 거기에 가 있지 않은 줄 아느냐? 지금이 돈을 받아 옷과 올리브 나무와 포도밭, 양과 소, 남종과 여종을 사들일 때냐? 그러므로 나아만의 나병이 너에게 옮아 네 후손들에게 영원히 붙어 다닐 것이다.' 게하지가 엘리사 앞에서 물러 나오니 나병으로 눈처럼 하얘졌다."(2열왕 5,26-27)

하느님의 도우심으로 기적을 행하고도 금은보화를 거절한 엘리사 예언자의 태도는 진정 본받을 만하다. 반면 게하지의 경우는 성 바오로 사도의 말처럼 "사실 돈을 사랑하는 것이 모든 악의 뿌리입니다. 돈을 따라다니다가 믿음에서 멀어져 방황하고 많은 아픔을 겪은 사람들이 있습니다."(1티모 6,10)라는 일이 그대로 이루어진 것이다.

청렴결백한 대표적인 인물로는 성경 속 마싸 사람 야케의 아들 아구르를 예로 들 수 있다. 그는 중용의 덕을 실천하는 의인답게 전능하신 하느님께 먹고 사는 문제를 해결해 주시도록 기도를 드렸다. 그러나 지나친 욕심에 사로잡히지는 않았다. 너무 가난하여 남의 집 담장을 넘거나 지나가는 행인을 괴롭힌다면 하느님의 자녀로서 대단히 부끄러운 일이므로 적당히 청한 것이다. 코헬렛은 물질에 대한 지나친 욕망을 다음과 같이 말한다. "큰 재물을 사랑하는 자는 수확으로 만족하지 못한다."(코헬 5,9) 이 말을 새기며 재물에 대한 집착보다는 더 중요하고 영원히 남는 영원한 세상을 향해 살아가야 한다.

명예나 권력욕 또한 큰 유혹이다. 이를 잘못 사용하여 낭패를 본 사람들이 한둘이 아니다. 권력에 대한 이야기를 하다 보면 대개 정치 지도자들을 떠올린다. 오랜 시간 동안 공직에 있으면서도 존경을 받으며 퇴임한 메르켈 같은 지도자도 있는 반면, 히틀러나 스탈린 같은 독재자도 있다. 모든 일은 다른 이를 위해 봉사하는 마음으로 해야 한다. 이는 가정 공동체나 직장에서도 마찬가지이다. 헌신적으로 봉사하는 이들은 존경을 받지만, 이기적으로 처신하거나 위에 군림하려는 이는 존경을 받지 못한다. 그뿐만 아니라 공동체 간의 불목과 불화를 일으킨다.

예수님은 자신의 생애 동안 다른 이들을 위해 봉사하며 사셨다. 이는 그분의 말씀과 삶에서 잘 드러난다. 마태오 복음사가는 예수님의 지상적 삶을 다음과 같이 단적으로 표현하고 있다. "사람의 아들도 섬김을 받으러 온 것이 아니라 섬기러 왔고, 또 많은 이들의 몸값으로 자기 목숨을 바치러 왔다."(마태 20,28) 한마디로 다른 이를 위한 봉사diakonia pro aliis의 삶을 사신 것이다. 높은 사람이 되고자 하는 사람은 남을 섬기는 사람이 되어야 하며, 으뜸이 되고자 하는 사람은 모든 사람의 종이 되어야 한다.

"예수님께서는 그들을 가까이 불러 이르셨다. '너희도 알다시피 다른 민족들의 통치자라는 자들은 백성 위에 군림하고, 고관들은 백성에게 세도를 부린다. 그러나 너희는 그래서는 안 된다. 너희 가운데에서 높은 사람이 되려는 이는 너희를 섬기는 사람이 되어야 한다. 또한 너희 가운데에서 첫째가 되려는 이는 모든 이의 종이 되어야 한다. 사실 사람의 아들은 섬김을 받으러 온 것이 아니라 섬기러 왔고, 또 많은 이들의 몸값으로 자기 목숨을 바치러 왔다.'"(마르 10,42-45)

예수님의 이러한 가르침은 우리나라 정치 지도자들에게도 좋은 교훈이 된다. 높은 자리에 있던 이들이 퇴임 전이나 후에 비참한 모습을 맞이하는 모습을 보면 안타깝기 그지없다. 국민을 진정으로 사랑하고, 나라를 위해 헌신하며 봉사했더라면 좋았을 것이라는 아쉬움이 남는다.

세속은 온갖 종류의 쾌락을 마음대로 즐기라고 충동질한다. 이는 "좁은 문으로 들어가라."(마태 7,13)는 복음의 정신과 반대되는 가르침이다. 좁은 문은 복음의 가르침에 따라 살아가는 사람들의 삶이다. 또한 세속은 무신론을 주장한다. 세속은 하느님 없는 세상을 건설하려고 오늘도 바벨탑을 세우고 있고, 객관적인 윤리성을 부정하여 생을 마음껏 즐기라고 충동질한다.

두 번째는 성실하게 살아가려고 노력하는 이들을 비웃는 것에서 드러난다. 이런 사람들은 모든 윤리적인 것을 초월한다면서 마음 내키는 대로 살아간다. 또한 성실히 살며 법을 잘 지키는 정직한 이들을 오히려 우습게 생각한다.

세 번째는 욕망을 억제할 줄 모르는 쾌락과 유희에서 찾아볼 수 있다. 마약, 폭주暴酒, 폭식, 지나친 성생활 등은 무질서한 욕망을 억제할 줄 모르는 쾌락과 유희이다. 이런 것들은 육체를 해칠 뿐 아니라 정신까지 망가뜨리고, 사회 전체도 병들게 한다.

세속적 정신의 네 번째 표현은 악한 표양이다. 여기서 말하는 것은 공직자들, 특히 그리스도인과 지도자들의 악한 표양을 말한다. 교육자들과 교회의 성직자와 수도자들은 누가 보더라도 모범적인 사람들이다. 비록 사회가 세속적으로 되어 갈지라도 일반인들은 그들을 모범이 될 만한 사람들로 우러러 본다. 그러기에 이들이 잘못된 일을 저지를 때는 악한 표양이 된다. 이런 점에 있어서는 온 세상이 악마의 지배 아래 놓여 있으나(1요한 5,19 참조), "불행하여라, 남을 죄짓게 하는 일을 하는 사람!"(마태 18,7)이라고 하신 주님의 말씀을 길잡이로 삼아야 할 것이다.

요한 묵시록에 따르면 하느님과 반대되는 세속은 바빌론으로 묘사되어 있다. 물론 상징적인 표현이다. "바빌론이 마귀들의 거처가 되고 온갖 더러운 영들의 소굴, 온갖 더러운 새들의 소굴, 더럽고 미움 받는 온갖 짐승들의 소굴이 되고 말았다. 그 여자의 난잡한 불륜의 술을 모든 민족들이 마시고 땅의 임금들이 그 여자와 불륜을 저질렀으며 땅의 상인들이 그 여자의 사치 덕분에 부자가 되었기 때문이다."(묵시 18,2-3)

세속은 삶을 즐기라고 충동질한다. 이 세상에 사는 동안 무조건 생을 즐기는 쾌락주의를 충동질하는 것이 세속이다. 세속은 절제, 절도, 차원 높은 극기 같은 말을 싫어한다. 세속적인 정신은 하느님과 함께할 수 없다. 요한 묵시록에는 세속을 상징하는 내용들이 여러 가지 나오는데, 그중의 하나는 불륜과 음탕으로 유인하는 여자에 관한 이야기이다.

"내 백성아, 그 여자에게서 나와라. 그리하여 그 여자의 죄악에 동참하지 말고 그 여자가 당하는 재앙을 입지 마라. 그 여자의 죄악들이 하늘까지 닿아 하느님께서 그 여자의 불의한 짓들을 기억하셨다. 그 여자가 남에게 한 것처럼 되갚아 주어라. 그 여자의 행실을 갑절로 갚아 주고 그 여자가 남에게 부어 준 잔에 갑절로 독한 술을 부어 주어라. 그 여자가 영화와 사치를 누린 그만큼 고통과 슬픔을 그 여자에게 안겨 주어라. 그 여자가 마음속으로 '나는 여왕 자리에 앉아 있는 몸, 과부가 아니니 슬픔도 결코 맛보지 않을 것이다.' 하고 말하기 때문이다. 그러므로 하루 사이에 여러 재앙이, 흑사병과 슬픔과 굶주림이 그 여자에게 닥칠 것이며 마침내 그 여자는 불에 타 버릴 것이다. 그 여자를 심판하시는 주 하느님은 큰 능력을 지니신 분이시다."(묵시 18,4-10)

이처럼 세속을 따르면 멸망뿐이다. "불행하여라, 불행하여라, 저 큰 도성! 바다에 배를 가진 사람들이 모두 그 재화 덕분에 부자가 되었건만 삽시간에 폐허로 변해 버렸구나."(묵시 18,19) 세속적인 영향을 이기는 가장 좋은 방법은 피하는 것이다. 이는 죄를 범하지 않기 위해 될 수 있는 대로 죄의 기회를 피하는 것이 가장 좋은 방법인 것이다. 이는 모든 영성 지도자들도 한결같이 주장한 바이며, 유학의 수덕자修德者들도 마찬가지였다.

'과전이하瓜田李下'라는 사자성어가 있다. 이는 《문선文選》의 '고악부편古樂府篇'에 실린 시구에서 유래한다. 시의 내용은 이렇다. '군자방미연(君子防未然, 군자는 미연에 방지하고) 불처혐의간(不處嫌疑間, 의심받을 곳에 있지 아니하며) 과전불납리(瓜田不納履, 오이밭에선 신

발을 고쳐 신지 않고) 이하부정관(李下不正冠, 오얏나무 밑에선 갓을 고쳐 매지 않는다)'

높은 자리에 있는 사람이면 의심받을 일에 처하지 않도록 행동을 조심해야 한다는 의미이다. 신앙생활을 잘하고 있는 사람도 자칫 죄를 범하는 수가 있다. 어떤 사람을 만나거나 장소에 갔을 때 죄를 짓는다면 이런 기회를 피해야 한다. 신앙인들은 강한 의지력과 기도로서 유혹들을 물리쳐야 한다. 또한 나는 이러한 유혹에 빠지지 않는다고 자부하는 이들도 "넘어지지 않도록 조심하십시오."(1코린 10,12)라고 한 성 바오로 사도의 말을 마음에 새기고 살아가는 지혜가 필요하다.

그리스도인은 누구나 하느님의 자녀로 성실히 살아가기 위해서 자기에게 죄가 되는 기회를 피해야 한다. 그럴 때 하느님의 자녀다운 삶을 살아갈 수 있는 것이다.

❸ 육신의 유혹

마지막 유혹은 육신이다. 악령과 세속은 외부에서 침입하지만, 육신은 나 자신이기에 더욱 두려운 내적 원수이다. 육체는 우리를 두 가지 방법으로 유혹을 한다. 첫 번째는 고통을 두려워하는 마음이고, 두 번째는 쾌락을 탐하는 욕망이다. 사람은 누구나 고통을 싫어하지만 삶이 언제나 재미있고 즐거울 수만은 없다. 진정으로 인생을 아는 사람은 언제나 삶 안에 고통이 함께하고 있음을 깨닫는다. 한 알의 밀알이 땅에 떨어져 죽어야만 탐스러운 열매를 볼 수 있다. 삶의 슬픔과 고통을 예술혼으로 승화한 예술가들처럼 말이다. 효험이 있는 약은 쓸개처럼 쓰게 마련이며, 돛단배는 거센 바람을 만나는 만큼 더 빨리 목적지에 이를 수 있다. 추녀 밑의 풍경은 바람이 없으면 소리를 내지 못한다. 바람을 만나야 그윽한 풍경 소리가 나게 된다. 이처럼 고통이 단련되면 진정한 삶의 의미와 아름다움을 찾을 수 있다.

영성 생활도 마찬가지이다. 성 바오로 사도는 코린토인들에게 이렇게 말하였다. "나는 내 몸을 단련하여 복종시킵니다. 다른 이들에게 복음을 선포하고 나서, 나 자신이 실격자가 되지 않으려는 것입니다."(1코린 9,27) 그러므로 우리는 고통을 싫어하는 자연적인 본성을 이겨 내도록 노력해야 한다. 특히 젊은이들과 덕에 진보하려고 애쓰는 사람들은 고통의 의미와 효과를 잘 이해하려고 노력해야 한다.

그리스도교의 핵심은 예수님의 부활 신앙에 있다. 영광스러운 부활은 비참한 십자가의 죽음으로서 이루어졌다. 이는 '십자가를 통하여 빛으로per crucem ad lucem'라는 영성에서 드러난다. 그리스도인들은 이 점을 늘 염두해 두고, 삶에서 십자가를 치워 버리려고 해서는 안 된다. 예수님께서는 분명히 말씀하셨다. "누구든지 내 뒤를 따라오려면, 자신을 버리고 제 십자가를 지고 나를 따라야 한다."(마태 16,24) 그 십자가는 다른 사람이 지닌 게 아니라, 바로 내가 지어야 할 십자가이다. '저 사람은 고통 없이 잘만 사는데 왜 나에게만 이런 고통이 있는가?'라고 말해서도 곤란하다. 인생 여정에서는 각자가 지고 갈 고통이 있기 마련이다. 이는 어느 누구도 예외가 아니다.

육체가 유혹을 일으키는 두 번째 요인은 쾌락을 탐하는 욕망이다. 육체는 보드랍고 따뜻하며, 재미있고 달콤한 것들을 좋아한다. 딱딱하고 쓰며 춥고 힘든 것은 싫어한다. 이것이 자연적 본성이다. 육체는 관능적인 욕망을 탐한다. 그러나 이 욕망을 부정적으로만 볼 수는 없다. 부부간에 서로를 진정으로 사랑하는 마음으로 생명을 잉태하는 행위는 거룩하기 때문이다.

또한 하느님께서는 우리가 음식을 먹으면서 느끼는 즐거움도 허락하셨다. 하지만 정당하지 않은 쾌락에 대해서는 상당한 주의를 요한다. 신체의 어떤 감각에 쾌감이 생기면 이는 다른 감각으로 옮겨 간다. 그러므로 옛날부터 수행 방법으로 '만지지 마라 Noli me tangere'라는 경구가 있었고, 사막의 수행자도 제자들에게 '접촉되면 젖는다Tingor si tangor'라고 가르쳤다고 한다. 그 외의 감각도 이와 비슷하게 일어난다. 그러므로 영성 생활을 제대로 해 나가기 위해서는 무질서하고 금지된 감각을 잘 조절하고, 신앙으로 조명된 이성의 통제를 받도록 해야 한다는 것이다. 감각에 제동을 걸지 않으면 수행 생활을 제대로 하지 못한다. 이는 하나의 원칙이다. 수행이란 주님의 말씀에 따라서 자신을 갈고 닦는 것이므로 감각의 조정이 절대적으로 필요하다.

성덕에 상당히 진보한 이들도 육체의 욕망을 감당하지 못하여 패배하는 경우가 있다. 조선 시대 때 명기로 이름을 날렸던 황진이는 '송도삼절'이라고도 불린다. 이 송도삼절은 개성의 빼어난 세 가지를 일컫는 말로, 박연폭포와 유학자 서경덕도 포함된다. 황진이는 서경덕을 흠모하여 유혹하고자 온갖 노력을 했지만 서경덕은 그 유혹을 뿌리쳤다고 한다. 이에 감탄한 황진이는 서경덕에게 자신의 스승이 되어 주길 청했다는 야사가 전해진다. 그 밖에도 황진이의 유혹에 넘어간 이들은 생불로 불리며 면벽 수행을 했던 지족 선사와 왕족 벽계수가 있었다. 모두 야사이긴 하지만 유혹을 피하지 않는다면 어지간한 수행을 했던 사람도 무너질 수 있다는 의미로 받아들이면 될 것 같다.

그리스도인도 이런 점에 있어서 예외는 아니다. 성 요한 사도는 이렇게 말하였다. "세상에 있는 모든 것, 곧 육의 욕망과 눈의 욕망과 살림살이에 대한 자만은 아버지에게서 온 것이 아니라 세상에서 온 것입니다. 세상은 지나가고 세상의 욕망도 지나갑니다. 그러나 하느님의 뜻을 실천하는 사람은 영원히 남습니다."(1요한 2,16-17) 성 바오로 사도는 육정이 빚어내는 열매(죄악)들을 다음과 같이 열거하였다. "우상 숭배, 마술, 적개심, 분쟁, 시기, 격분, 이기심, 분열, 분파, 질투, 만취, 흥청대는 술판, 그 밖에 이와 비슷한 것들입니다. 내가 여러분에게 이미 경고한 그대로 이제 다시 경고합니다." (갈라 5,20-21) 그리고 이어서 "이런 짓을 저지르는 자들은 하느님의 나라를 차지하지 못할 것입니다."(갈라 5,21)라고 말하였다. 또 코린토인들에게 보낸 서간에서는 그들이 저지르는 음행을 꾸짖었다. "불륜을 멀리하십시오. 사람이 짓는 다른 모든 죄는 몸 밖에서 이루어지지만, 불륜을 저지르는 자는 자기 몸에 죄를 짓는 것입니다. 여러분의 몸이 여러분 안에 계시는 성령의 성전임을 모릅니까? 그 성령을 여러분이 하느님에게서 받았고, 또 여러분은 여러분 자신의 것이 아님을 모릅니까? 하느님께서 값을 치르고 여러분을 속량해 주셨습니다. 그러니 여러분의 몸으로 하느님을 영광스럽게 하십시오."(1코린 6,18-20)

창세기에는 요셉이라는 인물이 등장한다. 요셉은 형제들의 모함을 받아 이집트로 끌려가게 되는데, 파라오의 내신으로 경호대장인 포티파르라는 사람이 그를 샀다(창세 39,1-6 참조). 요셉은 성실함을 인정받아 주인의 시종이 된다. 그러던 어느 날, 그는 포티파르의 아내에게 유혹을 받는다.

"주인의 아내가 요셉에게 눈길을 보내며 '나와 함께 자요!' 하고 말하였다. 그러나 요셉은 거절하면서 주인의 아내에게 말하였다. '보시다시피 주인께서는 모든 재산을 제 손에 맡기신 채, 제가 있는 한 집안일에 전혀 마음을 쓰지 않으십니다. 이 집에서는 그분도 저보다 높지 않으십니다. 마님을 빼고서는 무엇 하나 저에게 금하시는 것이 없습니다. 마님은 주인어른의 부인이십니다. 그런데 제가 어찌 이런 큰 악을 저지르고 하느님께 죄를 지을 수 있겠습니까?' 그 여자는 날마다 요셉에게 졸랐지만, 요셉은 그의 말을 듣지 않고, 그의 곁에 눕지도 그와 함께 있지도 않았다. ……

그때 그 여자가 요셉의 옷을 붙잡고 '나와 함께 자요!' 하고 말하자, 요셉은 자기 옷을 그의 손에 버려둔 채 밖으로 도망쳐 나왔다. 그 여자는 요셉이 옷을 자기 손에 버려둔 채 밖으로 도망치는 것을 보고, 하인들을 불러 그들에게 말하였다. '이것 좀 보아라. 우리를 희롱하라고 주인께서 저 히브리 녀석을 데려다 놓으셨구나. 저자가 나와 함께 자려고 나에게 다가오기에 내가 고함을 질렀지. 저자는 내가 목청을 높여 소리 지르는 것을 듣고, 자기 옷을 내 곁에 버려두고 밖으로 도망쳐 나갔다.' ……

'당신이 데려다 놓으신 저 히브리 종이 나를 희롱하려고 나에게 다가오지 않겠어요?' ……

요셉의 주인은 그를 잡아 감옥에 처넣었다. 그곳은 임금의 죄수들이 갇혀 있는 곳이었다. 이렇게 해서 요셉은 그곳 감옥에서 살게 되었다."(창세 39,7-14.17.20)

포티파르의 아내는 자신이 저지른 잘못을 요셉에게 뒤집어 씌워 성추행범으로 몰았다. 요셉은 억울하게 감옥에 갇히게 되었으나 정의의 하느님께서는 그를 돌보시어 축복하셨다. 이처럼 유혹을 이기면 누구나 하느님으로부터 상급을 받는다는 것을 알 수 있다.

나는 어릴 때 성당에서 '고신극기'라는 말을 많이 들었다. 어른들의 이야기를 들어 보니 십자가에 못 박혀 돌아가신 예수님을 생각해서 어려운 것을 잘 참으라는 내용이었다. 그래서 중학생 때도 사순 시기에 대재(大齋, 단식, jejunium)를 지키기도 했다. 그런데 요즈음 교회에서는 이 좋은 고신극기라는 용어를 잘 사용하지 않는다. 물론 극기에 관해 가르치지 않는 것은 아니나 이런 좋은 말을 잃어버린 듯한 느낌이다.

어느 날 주한미군방송 채널을 보고 있었는데 마침 오프라 윈프리 쇼가 방영되고 있었다. 이 프로그램은 미국의 여러 문제들을 주제로 청중들과 대화하며 진행하였는데, 그날은 에이즈로 투병 중인 청년이 출연하였다. 마지막으로 오프라 윈프리가 그 청년에게 한마디 해 달라고 하자, 그 청년은 이렇게 말하였다. "여러분, 극기 abstinence하십시오. 제발 극기하십시오. 제가 극기했더라면 이 죽을 병에 걸리지는 않았을 겁니다."

극기는 바로 우리 구원자이신 예수님의 가르침이다. 청년은 세상 사람들이 이러한 가르침을 등한시하는 상황에서 극기를 외친 것이다. 성인들은 모두 육체의 욕망을 이기기 위하여 극기에 힘쓴 분들이다. 아시시의 프란치스코 성인 역시 육체의 욕망을 이기기 위하여 장미꽃밭에 자신의 몸을 굴렸다는 일화도 있다. 육체의 유혹을 이기기 위해서는 유익한 일을 미루지 말고 행하는 방법도 도움이 된다. 이것은 잡념이 들거나 유혹이 심할 때 이를 이기는 좋은 방법이 될 것이다. 그리고 내게 주어진 일을 성실히 수행하는 것도 도움이 된다. 의무적인 일을 등한히 하지 않고 성실히 해 나가면서 잡념에서 해방될 수 있는 것이다. 그러나 무엇보다도 중요한 것은 기도이다. 유혹에 빠지지 않도록 기도함으로써 유혹을 이길 수 있다. 주님께서는 올리브 동산에서 피땀이 흐르도록 기도하시며 제자들에게 이렇게 말씀하셨다. "너희는 유혹에 빠지지 않도록 깨어 기도

하여라. 마음은 간절하나 몸이 따르지 못한다."(마르 14,38)

이처럼 깨어 기도하는 것이야말로 유혹을 이기는 가장 좋은 방법이다. 기도에 있어서 중요한 것은 예수님께 나를 온전히 내어 드리며 모든 것을 솔직히 말씀드리는 것이다. 주님께서는 우리의 기도와 노력을 아시기 때문이다.

이와 더불어 지나치게 힘을 주면 능력을 제대로 발휘하지 못한다. 피아니스트나 운전하는 사람들도 손에 너무 힘을 주면 손놀림이 잘 안 된다고 한다. 예를 들면 초보 운전자는 핸들을 잡을 때 손에 힘을 많이 준다. 그렇다고 운전이 잘 되는 것은 아니다. 숙달된 운전자는 한 손으로도 운전을 잘한다. 바로 이것이다. 유혹을 이기기 위해서 노력하고 기도하며, 주님께 모든 걸 맡기고 열심히 살아간다면 주님께서는 우리의 모든 걸 굽어보실 것이다.

8) 악에서 구하소서

주님의 기도에서 드리는 마지막 청원은 "악에서 구해 주소서."이다. 이제까지 우리는 전능하시고 사랑 자체이신 하느님께 인간으로서 청할 것은 다 청하였다. 이 마지막 청원은 하느님의 자녀로서 자유를 누리면서 살아가기 위하여 악에서 구하여 달라는 간절한 청원이다. 이 세상을 보면 하느님의 통치하심이 두루 미치지 않는 것처럼 보일 때가 많다. 워낙 악이 판을 치고 있기 때문에 하느님의 통치하심이 무력하게 느껴지는 것이다. 우리는 사회적으로, 국가적으로, 자연적으로 그리고 내 안에도 늘 악이 도사리고 있음을 수시로 체험하며 살아간다. 성 바오로 사도가 로마 신자들에게 보낸 서간에서 했던 말이 우리 안에서도 그대로 일어나고 있는 것이다. "선을 바라면서도 하지 못하고, 악을 바라지 않으면서도 그것을 하고 맙니다."(로마 7,19)

이를 교회는 옛날부터 '마음의 전쟁(心戰, bellum cordis)'이라고 불러 왔다. 그러므로 주님의 기도에서 온갖 악으로부터 구하여 주시도록 간절히 청하는 것이다. 이는 인간의 간절한 염원을 인정하는 동시에 약한 인간성을 적나라하게 드러낸다고 할 수 있다. 약한 인간의 본성을 극복하고자 노력하면서도, 힘들 때가 너무 많으므로 전능하시고 사랑이신 하느님께 간절히 청하는 것이다.

이 청원에서 말하는 '악'은 학자들에 따라서 해석이 다양하다. 여러 교부들과 학자들은 이를 악령으로 규정한다. 악마의 본업은 사람들을 유혹하여 하느님으로부터 멀어지게 하는 것이다. 그렇기에 악령의 유혹에서 해방되어 편안한 마음으로 하느님을 섬기고 이웃을 사랑하여 구원의 길에서 멀어지지 않게 도와 달라고 해야 한다.

악령의 유혹과 그 역할에 대해서는 앞에서 상세히 다루었으므로 다른 주장에 대하여 알아보기로 하자. 악은 일반적으로 자연적인 재앙과 윤리적인 악으로 구분한다. 자연적인 악은 홍수, 태풍, 지진 등 천재지변으로 인한 피해를 말한다. 자연 재앙이 여기에 속한다고 볼 수 있다. 지구상의 모든 사람들은 이런 피해로부터 안전할 수 없다. 그러므로 이런 자연적인 재해로부터 안전하게 지켜 주시길 전능하신 하느님께 간청한다.

하느님과의 관계에 있어서 악은 죄와 연관되어 있다. 구약 성경에 선민選民 이스라엘인과 하느님과의 관계는 계약으로 이루어져 있었다. 계약을 강화하게 하는 행위는 '선'이고, 그것을 파괴하거나 위태롭게 하는 행위는 '악'이었다. 그중에서 제일 큰 악은 배교이다. 배교는 이 세상의 주인이신 하느님을 배반하는 일을 말한다. 그래서 그분을 거부하고 다른 신을 섬기는 것은 배교로 간주하였다. 신명기에는 야훼를 거부하고 다른 신들을 따르고 섬기면 사형에 처하도록 명하고 있다(신명 13,1-19 참조). 이스라엘인들은 풍요를 기약하는 바알에게 간 적이 많았다. 그리하여 예언자들에게도 비판을 받았다.

배교 다음으로 큰 죄악은 살인과 간음이다. 사람을 죽이는 것은 생명의 주인이신 하느님의 권리에 도전하는 행위이며, 간음은 정당하지 않은 남녀 관계로서 이 또한 큰 죄악이다. 사람을 죽이는 것에는 직접적인 살인과 간접 살인 그리고 전쟁이 있다. 전쟁은 부득이한 경우에만 허용된다. 전쟁 중에도 사람을 죽이지 않을 수 있으면 죽이지 말아야 한다. 그리고 정당방위가 있다. 이때는 나의 권리와 명예뿐 아니라 가족이나 이웃의 권리와 생명을 지키기 위하여 침입자를 해할 수도 있다. 그러나 이런 경우에라도 될 수 있으면 직접적으로 목숨은 해하지 않도록 해야 한다. 왜냐하면 목숨은 하느님의 것이므로 목숨을 해하는 것은 하느님의 권리에 도전하는 것이기 때문이다. 살인은 직접적으로 사람을 죽이는 것으로 큰 죄악이다. 살인에는 인공 유산과 임신 중절도 있다. 우리 교회는 이를 분명히 살인이라고 천명한다. '침묵의 절규'라는 영상은 이를 잘 보여 주고 있다. 이 영상에는 태아가 메스를 피하려고 몸부림치는 모습이 나온다. 바로 이것이 침묵의 절규이다. 얼마나 많은 태아들이 생명을 잃어 가고 있는지 모른다. 그러므로 임산부의 생명이 위독한 경우를 제외하고는 절대로 인공 유산이나 임신 중절을 하지 말아야 한다. 이런 경우에도 물론 의사의 진단은 필수적이다. 이렇게 해야만 하는 이유는 하나의 생명이라도 살리기 위함이다. 왜냐하면 생명은 하느님의 것이기 때문이다.

　교회는 이 밖에도 유아 살해나 노인 살해, 종족 살해 또한 분명히 반대의 입장을 취하고 있다. 나이든 부모를 자식들이 버려 두어 고독사했다는 뉴스나, 유아 살해 사건을 접할 때 마음이 몹시 아프다. 또한 부모를 요양원에 맡겨 두고 한 번도 찾아가지 않는 자녀에 관한 이야기를 들으면 이른바 '현대판 고려장'처럼 느껴진다. 악은 외부로 드러나는 말이나 행위보다도 근원적으로는 악한 마음에 있다. 성경은 이를 분명히 하고 있다. "사람에게서 나오는 것, 그것이 사람을 더럽힌다. 안에서 곧 사람의 마음에서 나쁜 생각들, 불륜, 도둑질, 살인, 간음, 탐욕, 악의, 사기, 방탕, 시기, 중상, 교만, 어리석음이 나온다. 이런 악한 것들이 모두 안에서 나와 사람을 더럽힌다."(마르 7,20-23)

이러한 주님의 가르침은 근본적인 것, 즉 먼저 마음이 깨끗해야 한다는 것을 알려 준다. 마음이 깨끗하지 않으면 악은 제거되지 않는다.

9) 주님께 청합니다

예수님께서는 산상수훈에서 다음과 같이 가르치셨다. "청하여라, 너희에게 주실 것이다. 찾아라, 너희가 얻을 것이다. 문을 두드려라, 너희에게 열릴 것이다. 누구든지 청하는 이는 받고, 찾는 이

는 얻고, 문을 두드리는 이에게는 열릴 것이다."(마태 7,7-8)

하느님께서는 사랑이시며 전능하신 분이시다. 그러므로 그분 자녀인 우리의 기도를 다 들어주신다. 그렇기에 예수님의 말씀을 믿고 기도하는 것이다. 또한 청원 기도를 하도록 더욱 강조하여 말씀하신다. "너희 가운데 아들이 빵을 청하는데 돌을 줄 사람이 어디 있겠느냐? 생선을 청하는데 뱀을 줄 사람이 어디 있겠느냐?"(마태 7,9-10)

하느님께서는 사랑이시며 전능하신 분이므로 그분께는 불가능한 것이 없다. 그러므로 우리는 필요한 것을 무엇이든 청할 수 있고, 또 마땅히 청해야 한다. 예수님께서 청하라고 말씀하셨기 때문이다. 이런 점에서 그리스도인에게는 예수님이라는 든든한 존재가 있는 것이다.

모든 것이 넉넉하고 부족한 것이 없다고 자신할 사람이 과연 몇 사람이나 되겠는가? 돈이 좀 있으면 몸이 건강하지 않고, 건강하면 직장이 시원찮고, 일이 좀 풀린다 싶으면 집안에 우환이 생긴다. 이처럼 우리에게는 부족하고 힘든 것이 너무나 많기에, 주님의 말씀을 믿고 열심히 청해야 하는 것이다.

어느 날, 신자들과 함께 반 모임을 하게 되었다. 그날 묵상한 성경 구절은 다음과 같았다. "청하여라, 너희에게 주실 것이다. 찾아라, 너희가 얻을 것이다. 문을 두드려라, 너희에게 열릴 것이다. 누구든지 청하는 이는 받고, 찾는 이는 얻고, 문을 두드리는 이에게는 열릴 것이다. 너희 가운데 아들이 빵을 청하는데 돌을 줄 사람이 어디 있겠느냐? 생선을 청하는데 뱀을 줄 사람이 어디 있겠느냐? 너희가 악해도 자녀들에게는 좋은 것을 줄 줄 알거든, 하늘에 계신 너희 아버지께서야 당신께 청하는 이들에게 좋은 것을 얼마나 더 많이 주시겠느냐?"(마태 7,7-11)

이 부분을 두 번 정도 읽고 말씀 나누기를 해 보았다. 여덟 사람 정도와 함께 이야기를 나누었는데, 모두 기도를 하여 은총을 받은 경험이 있다고 자신 있게 말하였다. 한 신자는 어려운 일이 생기거나 일이 잘 풀리지 않으면 빨리 오토바이를 타고 성당에 가서 감실 안에 계시는 예수님을 바라본다고 한다. 그러면 자신이 저지른 잘못한 일을 성찰하게 되고, 풀리지 않던 일도 해답을 얻어서 돌아간다고 하였다. 또 다른 신자는 보증을 섰다가 낭패를 볼 뻔 했는데, 두 달 이상 열심히 기도를 하였더니 문제가 잘 풀렸다고 했다. 누군가는 자신이 지갑을 잃어버렸다가 도저히 찾을 수가 없어서 성모상 앞에서 오랜 시간 동안 기도를 하였더니 찾게 되었다고 했다.

모두 이와 비슷한 체험담을 재미있고도 감동적으로 이야기하였다. 반면 어떤 이들은 아무리 청해도 하느님께서 자신의 기도를 안

들어주신다고 느껴서, 성당에 나가지 않고 부적을 붙이거나 철학관이나 점집에 가기도 한다.

훌륭한 목자였던 아우구스티노 성인은 올바른 기도가 무엇인지에 대하여 상세히 가르쳤다. 앞에서 이야기한 것처럼 성인은 기도 체험을 많이 하였는데, 어릴 때 어머니로부터 배운 대로 하느님께 기도를 드려 도움을 받은 적이 여러 번 있었다. 성인은 이런 식으로 기도의 효과를 생생히 체험하였기에 착한 목자로서 양 떼들에게 올바른 기도가 무엇인지 가르치고 싶었다. 아무리 기도를 해도 응답이 없을 때 그리스도인은 어떻게 해야 할까? 아우구스티노 성인이 말하는 '응답받지 못하는 기도'에 대하여 더 자세히 살펴보기로 하자.

10) 응답하지 않으시는 주님

성 바오로 사도의 생애를 보면 응답받지 못하는 기도에 대하여 잘 알 수 있다. 그는 사탄의 하수인으로 늘 자신을 괴롭히던 육체의 가시에 대하여 언급하였다. "내가 자만하지 않도록 하느님께서 내 몸에 가시를 주셨습니다. 그것은 사탄의 하수인으로, 나를 줄곧 찔러 대 내가 자만하지 못하게 하시려는 것이었습니다. 이 일과 관련하여, 나는 그것이 나에게서 떠나게 해 주십사고 주님께 세 번이나

청하였습니다."(2코린 12, 7-8)

상식적으로 생각해 볼 때, 주님의 제자가 건강한 몸으로 전교할 수 있도록 도움을 청한 것은 당연하다. 초대 교회 당시 주님의 말씀을 제일 열렬히 전한 이는 성 바오로 사도였다. 그러므로 누구나 그가 복음을 더 잘 전할 수 있도록 주님께서 건강을 주시면 얼마나 좋겠느냐고 생각할 수 있다. 그러나 주님의 뜻은 인간의 생각과는 달랐다. 일찍이 하느님께서는 이사야 예언자를 통하여 이렇게 말씀하셨다.

"내 생각은 너희 생각과 같지 않고 너희 길은 내 길과 같지 않다. 주님의 말씀이다. 하늘이 땅 위에 드높이 있듯이 내 길은 너희 길 위에, 내 생각은 너희 생각 위에 드높이 있다."(이사 55,8-9)

성경에서도 종종 언급되고 있듯, 악한 사람들이 잘 되고 성공하며 하느님께서 그들의 기도를 잘 들어주시는 것처럼 보일 때도 있다. 사탄이 하느님께 욥을 유혹하도록 청하자 하느님께서는 그 청을 쉽게 들어 주신 것에서도 드러난다(욥 1,11-12 참조). 이와 비슷하게 신약 성경에서도 마귀들이 예수님께 자신들을 쫓아내시려거든 돼지 떼 안으로 들어가게 해 달라고 청하자 이를 허락해 주셨다(마태 8,31-22 참조).

응답받지 못한 기도의 대표적인 예는 십자가의 죽음을 멀리해 달라는 당신 아드님의 간절한 기도를 외면하신 아버지 하느님의 뜻에서도 드러난다. "아버지, 하실 수만 있으시면 이 잔이 저를 비켜 가게 해 주십시오. 그러나 제가 원하는 대로 하지 마시고 아버지께서 원하시는 대로 하십시오."(마태 26,39) 이와는 대조적으로 하느님 마음에 들지 않았던 이스라엘인들의 기도는 응답을 받아 사막에서도 물릴 정도로 고기를 실컷 먹을 수 있었다(민수 11,1-35 참조). 이상의 예들에서 드러나는 것은 하느님의 뜻은 인간의 뜻과는 분명히 다르다는 사실이다. 또한 가끔 선인들의 기도는 받아들여지지 않고, 반대로 마음씨 고약한 이들의 기도가 응답을 받는 것처럼 보이기도 한다. 그러면 응답받지 못한 기도에 대해서는 어떻게 설명할 수 있을까?

성경의 가르침에 따르면, 하느님께서는 언제나 사람들의 기도를 즐겨 들어주신다고 하지 않는가? "누구든지 청하는 이는 받고, 찾는 이는 얻고, 문을 두드리는 이에게는 열릴 것이다. 너희 가운데 아들이 빵을 청하는데 돌을 줄 사람이 어디 있겠느냐?"(마태 7,8-9)

우리는 예수님의 이 말씀에 온전한 믿음을 가지고 기도해야 한다. 비록 내가 청한 것이 당장 주어지지 않는다 해도 하느님께 드린 기도는 절대로 헛되지 않는다는 믿음을 가지고 있어야 한다. 하느님께서는 선한 분이시기에 그분께 드린 시간과 노력과 봉사는 어떤 방식으로든지 축복으로 돌아온다. 내가 간청한 기도가 하느님 마음에 들지 않거나, 그분의 뜻이 아니라면 분명히 우리가 원하는 방식으로는 기도를 들어주시지 않을 것이다. 그러므로 나의 뜻이 아니라 그분의 뜻이 우선이다.

예를 들어 보자. 여섯 살쯤 된 아이가 백화점에서 예리한 칼을 보고 사 달라고 조른다면 엄마가 이를 사 주겠는가? 아이를 사랑하는 엄마는 이런 위험한 물건을 사 주지 않는 대신, 안전한 장난감을 사 줄 것이다. 우리의 청원이 응답받지 못하는 경우도 이와 비슷하지 않을까?

유능한 의사는 환자의 이런저런 요구에도 오직 환자의 치유를 위한 치료법만 사용한다. 하느님도 이와 비슷하게 활동하신다. 성 바오로 사도도 '육체의 가시'로 느낀 고통으로서 삶의 목적을 정확히 깨달을 수 있었으므로 감히 이렇게 고백할 수 있었다. "나는 죽음을 겪으시는 그분을 닮아, 그분과 그분 부활의 힘을 알고 그분 고난에 동참하는 법을 알고 싶습니다."(필리 3,10)

사랑하는 아이에게 예리한 칼을 사 주지 않는 엄마나 육체의 가시를 허용하신 하느님의 뜻은 모두 청하는 이를 위한 사랑의 배려가 아닐까? 그러므로 우리도 청하는 기도가 이루어지지 않는다 해도 실망하지 말고 꾸준히 기도해야 한다. 반복하여 말하지만, 진심으로 드린 기도는 절대로 헛되지 않고 어떤 방식으로든지 기도하는 이에게 축복으로 돌아온다. 특별히 하느님의 뜻이 이루어지도록 기도해야 할 것이다. 또한 기도할 때는 언제나 "아버지의 뜻대로 하소서."라고 기도드린 예수님의 기도 모습을 배운다면 올바로 기도한다고 할 수 있다.

10

예수 기도

　동방 교회에서 유래된 기도 중에 '예수 기도Jesus prayer'가 있다. 이는 예수님의 이름을 부르는 기도이다. 교회의 오랜 전통 안에서 가장 단순하나 대단히 풍부한 내용을 담고 있는 기도로 인정받았다. 예수님께서는 주님이시며 그리스도이시고 구세주이시므로 그분을 향해 마음속으로 "예수님", "하느님의 아드님이신 주 예수 그리스도님, 저를(저희를) 불쌍히 여기소서." 등으로 부르는 것이다. 단순히 "예수님!"이라고 부르는 것으로도 족하다.

　이처럼 예수 기도는 복잡하지 않고 쉬운 기도이다. 주님이신 예수님의 자비를 구하는 기도이므로 죄인인 '저를(저희를)'을 붙이기도 하고, 다음과 같이 예수님을 수식하는 여러 신학적인 주제들을 첨부하기도 한다. "주님이신 예수 그리스도님", "하느님의 아드님이신 주 예수 그리스도님, 심판자이신 주님, 저에게 자비를 베푸소서." 또는 "성모님의 아드님이신 예수님."이라고 할 수도 있다. 마치 예리코의 눈먼 거지 바르티매오가 예수님을 향하여 "다윗의 자손 예수님, 저에게 자비를 베풀어 주십시오."(마르 10,47)라고 한 것과 같은 청원이다. 그는 예수님에 대해 들었고, 그분께 큰 믿음을 가지고 있었기에 사람들이 만류해도 오로지 눈을 뜨고 싶은 일념으로 더욱 큰 소리로 그분을 향해 소리 질렀다. 예수님께서는 자비로 우신 분이며 기적을 행하시는 분임을 알고 있었기 때문이다. 그 소리를 들으신 예수님께서는 그를 불러 오라고 하셨다. 그리고 소원을 물어보자 "스승님, 제가 다시 볼 수 있게 해 주십시오."(마르 10,51)라고 하였다. "네 믿음이 너를 구원하였다."(마르 10,52) 예수님의 이 한마디에 그는 다시 볼 수 있게 되었다. 기적이 일어난 것이다. 이 얼마나 놀라운 일인가!

예수 기도가 무엇인지 모르는 이들에게 필로칼리아의 어떤 저자들은 "꿀맛을 모르는 이들에게 어떻게 그 맛을 설명할 수 있으리오?"라는 말로 이 기도의 달콤함을 표현하기도 한다. '마음의 기도 Prayer of the heart'인 예수 기도는 이런 식으로 시나이산과 아토스산 그리고 러시아 등지를 거치면서 약 2천 년간 긴 여행을 한 후 서방 교회에 소개되었다. 수세기 동안의 긴 역사 속에서 서방과 동방의 문이 막혀 있지도 않았는데, 이 기도가 거의 소개되지 않았다는 점은 참으로 이상하다. 하지만 동방 교회에서처럼 정확한 형식을 갖추지는 못했어도 예수 기도의 형태는 우리 주변에 얼마든지 있어 왔다. 주님의 기도에서 아버지의 이름이 거룩히 빛나신다고 이야기하는 부분을 생각해 볼 때, 서방에서도 하느님과 예수님의 거룩한 이름을 함부로 부르지 않고 언제나 경외심을 가지고 대해 왔다는 것은 사실이다. 성령 기도를 하는 그리스도인들은 예수님과 마음의 일치를 위해 그분의 이름을 가끔 정성스럽게 부른다. 비단 이런 사람들 외에도 예수 기도라고 말할 수는 없으나 이와 유사한 기도를 하는 사람들이 얼마든지 있다.

사람들은 이름에 특별한 의미를 부여한다. 이름에는 자기의 인격을 드러내는 깊은 의미가 있다. 성경에도 사람의 이름이 단순히 자신을 드러내고 다른 사람들과 구별하기 위한 것만은 아니라는 것을 보여 주는 부분이 있다. 요한 세례자는 부모인 즈카르야와 엘리사벳이 늦은 나이에 얻은 아들이었다. 더구나 엘리사벳은 아이를 못 낳는 여인이었다. 천사는 그 아이의 이름을 요한으로 하라고 지시했다(루카 1,13 참조). 이 이름은 '하느님께서는 관대하시다.'라는 뜻이다. 요한 세례자는 자신의 이름에 따라 일생 동안 하느님의 은총을 알리는 증거자가 되었다.

이처럼 이름이 개인에게 붙여진 부호나 상표가 아니라 개인의 특성까지도 의미함을 알 수 있다. 또한 예수라는 이름은 '하느님께서 구원하신다.'라는 뜻이다. 수세기 동안 이 이름은 사람이 되신 하느님의 아드님을 지칭하는 신성불가침으로 인식해 왔다. 그런데 우리는 그분의 이름이 지닌 의미를 생각하지 않고 부를 때가 많다. 그분의 이름은 구세주이며, 구세주께서 세상을 구원하기 위해 오신 것이다. 예수 기도는 이를 한마디로 축소시킬 수 있으므로 "예수님." 하고 부르는 것으로 족하다. 그분의 이름을 단순히 부르면서 속삭이고, 숨을 쉴 때마다 불러 보자. 그러면 용기와 위안 그리고 경고와 악에 대한 승리, 구원을 얻을 수 있다.

어떤 사람의 이름을 알게 되면 그 사람과 관계된 많은 것이 연상되어 쉽게 떠오른다. 마치 먼 여행을 하고 돌아온 후 그곳에서 찍은 사진을 보는 것과 같다고나 할까. 함께 여행을 한 사람들과 찍은 사진은 그때 일어난 사건들과 상황을 동시에 기억나게 한다. 사람의 이름도 마찬가지이다. 이름은 내가 아는 그 사람을 연결시키는 다리 역할을 한다. 예수님께서는 주님이시다. 그러므로 그분의 이름을 부르면서 내 모든 것을 말씀드릴 수 있는 것이다. 가나안 부인처럼(마태 15,22-28 참조) 절대적인 믿음을 가지고 그분의 이름을 부를 때, 분명히 자비를 베푸실 것이다. 이 짧은 기도는 나의 생각을 주님께 집중시킬 뿐 아니라, 내 마음을 그분과 함께 나누는 기도이다. 복잡한 일상 속에서 예수 기도는 그리스도인에게 대단히 유용하고 필요한 기도가 될 것이다.

많은 그리스도인들은 기도하기가 힘들다고 솔직히 고백한다. 또한 주님과 인격적인 접촉을 맺는다는 것을 어려워한다. 성당에서 미사를 드리거나, 개인적으로 성경과 기도서를 통해 하느님의 현존을 맛보지만, 이러한 것이 끝나고 나면 주님과 또다시 멀어진 느낌을 받는다고 고백하는 이들도 있다. 그런 이들은 예수 기도를 통해 도움을 받을 수 있다. 아무리 복잡한 삶 안에서도 예수 기도는 주님과의 만남을 통해 우리 마음을 끊임없이 그분께로 들어 올릴 수 있도록 한다. 따라서 그리스도인은 예수 기도로서 그분과 일치된 삶을 살아갈 수 있는 것이다.

성경은 우리에게 예수 기도의 다른 양식도 소개하고 있다. "오십시오, 주 예수님!"(묵시 22,20)이라는 구절이 그것이다. 초대 교회 당시 주님과 그리스도라는 칭호는 하나로서 같은 칭호였다. 주님이시고 왕이신 그분께서는 기름부음 받으신 그리스도이시다. 예수님께서 오시도록 기도한다는 것은 나의 주님이신 예수 그리스도께서 오시도록 청하는 기도이다.

예수 기도 양식은 기억하기도 쉽다. 이 기도를 하기 전에 무슨 특별한 준비를 할 필요도 없다. 기도서가 필요한 것도 아니다. 원래 이 기도는 이 세상의 종말 때에 하느님께서 오실 때 그분이 약속하신 나라에서 성인들의 반열에 들 수 있도록 청하는 기도이다. 그러므로 그리스도인의 신앙과 신심의 중심적인 기도라 할 수 있다. 또한 그분에 대한 사랑과 강한 염원을 표시하는 청원이므로 공동으로나 개인적으로 얼마든지 할 수 있는 기도이다.

어떤 때는 너무 피곤하여 기도하기가 힘들 때가 있다. 그럴 때라도 이 기도만큼은 쉽게 할 수 있다. "오소서, 예수님!"은 찬미와 흠숭이 담긴 기도문이기 때문이다. 그리고 성 요한 사도의 간절한 염원과 초대 교회 신자들의 신심 깊은 마음이 한데 어울려진 순수한 찬미와 흠숭의 기도문이다.

이처럼 예수 기도는 일반인들을 위해 쉽게 기도할 수 있는 방법을 제시한다. 그리고 지식인들과 일반 대중뿐 아니라 모든 그리스도인이 쉬운 방법으로 기도하도록 도와준다. 특히 시간이 없어 기도할 수 없다는 이들도 마음을 열기만 하면 이 기도로서 쉽게 기도의 분위기 안으로 들어갈 수 있다. 또한 많은 이들이 겪고 있는 영적 빙하기를 벗어나 스승님이시며 주님이신 그리스도와 인격적인 관계를 맺도록 하고, 마음 깊은 곳으로 들어가 숨을 쉬는 횟수만큼 그분께로 마음을 들어 올릴 수 있도록 한다. 그리하여 "언제나 그리스도를 숨 쉰다."는 옛 수도자들의 상태를 체험하도록 이끌어 준다.

11

하나 되는 기도

내가 이제까지 강조해 온 것은 기도를 드리면서 사랑이신 하느님께 가까이 나아가는 것이고, 이로써 성인聖人이 되는 것이다. 그래서 나는 기회가 있을 때마다 기도의 중요성을 강조한다. 기도는 단적으로 말해서 하느님께 마음을 드리는 것이다.

하느님께서 어떤 분이신지 알면 기도를 하지 않을 수 없다. 하느님께서는 모든 것이다. 창조주, 절대자, 사랑 자체이신 분……. 인간의 목숨은 하느님께 달려 있다. 그분께서는 이 세상에서나 죽은 다음에도 인간의 존재를 주관하신다. 그러므로 우리는 기회가 있을 때마다 하느님을 섬기며 사랑 자체이신 그분을 섬기고 사랑해야 할 것이다.

많은 사람들이 기도에 관해 다양한 이야기를 전하고 있으나, 핵심은 마음으로 하느님을 사랑하는 데에 있다. 찬미, 흠숭, 감사, 뉘우침, 구은求恩 등 하느님께 할 수 있는 것은 모두 다 해 드리는 것이 인간의 도리이다. 그래야 전능하시고 사랑이신 그분께 얼마든지 마음을 드릴 수 있는 것이다. 기도는 마음으로 한다. 마음을 다해 하느님을 사랑하는 것이야말로 진정한 기도이다. 아무리 많은 시간을 할애하여 말을 많이 하고 손으로 빌어도, 마음이 없는 행위는 진정한 기도가 아니다.

그리스도인들은 아침 기도와 저녁 기도를 드린다. 아침 기도를 드리면서는 새로운 날을 주신 하느님께 내 존재 전체를 마음으로 바친다. 그리고 저녁에는 하루 일과가 끝난 후 무사히 하루를 보낸 것에 대해 감사의 기도를 드린다.

여러 가지 기도 중에 중재 기도도 빼놓을 수 없다. 이 기도는 교회의 오랜 전통에 근거한다. 하느님 외에 덕이 많은 성인들의 전구하심을 비는 것은 교회 초창기부터 내려온 아름다운 전통이다. 대표적으로는 묵주 기도가 있다. 묵주 기도가 제시하는 신비들은 예수님과 성모님의 일생을 요약한 것이므로 이 기도를 바치면서는 구원의 신비를 깊게 묵상한다. 또한 여러 번 발현하여 하느님의 뜻을 전하신 성모님의 메시지를 이 기도를 바치면서 실천할 수 있다. 특히 이 세상에 참평화를 주시도록 평화의 모후이신 성모님께 전구하는 것은 아름다운 신심이다.

기도는 혼자 할 때 더 잘 되기도 하지만 여럿이 함께, 특히 가족이 함께 기도할 때 놀라운 효과가 일어난다. 치프리아노 성인은 이를 다니엘서 3장의 내용을 들어 설명한다. 하난야, 미사엘, 아자르야는 바빌론의 왕 네부카드네자르가 세운 신상들을 경배하지 않았으므로 벌을 받아 불가마 속으로 던져졌으나 한마음으로 순수하고 영적이며 평화로운 기도를 드렸다. 그래서 불가마 속에서도 살아 남는 은총을 입게 되었다. 또한 예수님의 죽음으로 실의에 빠져 있던 사도들도 모두 마음을 모아 성모님과 함께 정성을 다해 기도드렸고, 마침내 위로부터 내려오신 성령을 받아 마음이 뜨거워지고 힘과 용기가 생겼다. 그래서 용감하게 부활하신 주님을 증거할 수 있었다. 치프리아노 성인은 이를 모두 공동 기도의 결과가 준 효과라고 말한다.

사도행전에는 성 베드로 사도가 공동 기도의 효과를 체험한 이야기가 나온다(사도 12,1-19 참조). 헤로데 임금은 야고보를 처형한 후, 베드로도 처형하기 위해 감옥에 가두었다. 그래서 교회는 감옥에 갇힌 베드로를 위하여 끊임없이 기도하였다(사도 12,5 참조). 그런데 주님의 천사가 나타나 잠이 든 베드로를 깨우고서는 그의 손에서 쇠사슬을 풀어 주었다. 자유의 몸이 된 것이다. 그는 감옥에서 벗어나 자유의 몸이 되었을 때 정신을 차리고서는 이렇게 말하였다. "이제야 참으로 알았다. 주님께서 당신의 천사를 보내시어 헤로데의 손에서, 유다 백성이 바라던 그 모든 것에서 나를 빼내어 주셨다."(사도 12,11)

공동체의 화목을 위해서 공동 기도보다 더 좋은 것은 없을 것이다. 그런 의미에서 가정 기도의 중요성은 아무리 강조해도 부족하다. 가족이 한마음 한뜻으로 사랑이신 하느님께 마음을 드릴 때 가족 간의 사랑은 더욱 커진다. 그 밖에도 여러 어려움이 있다면 눈 녹듯 사라질 것이다. 이는 기도의 힘이자 결과이다. "내가 또 진실로 너희에게 말한다. 너희 가운데 두 사람이 이 땅에서 마음을 모아 무엇이든 청하면, 하늘에 계신 내 아버지께서 이루어 주실 것이다. 두 사람이나 세 사람이라도 내 이름으로 모인 곳에는 나도 함께 있기 때문이다."(마태 18,19-20)라는 말씀 그대로이다. "고생하며 무거운 짐을 진 너희는 모두 나에게 오너라. 내가 너희에게 안식을 주겠다."(마태 11,28)라고 하신 예수님의 말씀에 믿음을 가지고 가정에서 기도를 바치는 이들은 축복을 받을 것이다.

성령 기도를 하는 이들은 함께 기도한다는 점에서 공동 기도를 강조한다. 혼자 성령 기도를 할 때보다 여럿이 모여 단체로 성령 기도를 할 때 은사를 더 많이 체험하기 때문이다. 한 주간에 한 번은 함께 모여 공동으로 기도하기를 권장하는 이유가 여기에 있다. 성령 대회 때 여러 기적이 일어나는 것을 종종 볼 수 있는데, 이는 함께 기도한 결과이다.

신비적인 기도에 대해서도 잠시 언급하지 않을 수 없는데, 이는 보이지 않으시는 주님과 함께 대화하는 기도이다. 이는 우선 하느님께서 우선권을 지니고 사람에게 다가오실 때를 예로 들 수 있다. 아브라함과 야곱 성조들을 비롯하여 모세, 엘리야, 다니엘 같은 위대한 예언자들이 하느님의 음성을 듣고 응답한 경우는 모두 신비적인 기도들이다. 그런가 하면 오랜 수행 생활로 관상 기도에 뛰어난 이들이나, 신심 깊은 신앙인들이 하느님과 대화를 나눈 기록들도 무수히 많다. 이는 위대한 성인들의 생애에서 자주 드러난다.

또한 진지하게 기도하는 이들도 종종 이를 체험하며 살아간다. 이들은 영원한 생명을 향한 인생 여정에서 비록 현실에 두 발을 디디고 살아가지만, 길이요 진리요 생명이신 예수님께 모든 희망을 두며 지복직관을 누릴 그날까지 항구하게 살아가고 있는 것이다.

나는 토마스 아퀴나스 성인을 좋아하여 그분의 사상 외에도 생애에 깊게 빠진 적이 있었다. 성인은 많은 글을 쓴 후, 고향 나폴리의 경당에 가서 기도할 때 십자가에 매달린 주님의 음성을 들었다고 한다. 주님께서 "토마스야, 나에 대해 잘 썼구나Thoma, bene scripsisti de me."라고 말씀하시면서 무슨 공로를 받고 싶으냐고 물으셨다. 그러자 성인은 이렇게 대답하였다. "주님, 저는 오직 주님만을Domine, non nisi Te."

이런 자세는 특히 신학자들에게 모범이 되는 태도이다. 신학적 공로를 세웠으면서도 언제나 기도로서 은총을 청하였으므로 이런 경지에 들어간 것이 아닐까? 세인의 관심을 끄는 것이 아니라 신앙의 지도를 받는 지성으로서 주님에 대하여 적절히 표현하는 것이 신학자들의 올바른 태도일 것이다. 성인이 쓴 《신학대전》은 미완성으로 남았는데, 신비 체험을 한 후로는 더 이상 작업할 필요를 느끼지 못해 집필을 중단했다고 전해진다. 진선미성眞善美聖 자체이신 하느님을 체험하자 자신이 한 작업이 모두 지푸라기처럼 보였기 때문이다Mihi videtur ut palea.

결론적으로 영성 생활은 기도에서 시작된다. 회개에서 시작된 그리스도인의 삶은 기도로서 더욱 심화된다(정화의 길). 이러한 길이 지속적으로 발전되면 조명의 길로 나아가고, 더욱 심화되어 일치의 길에 이르게 된다. 따라서 하느님과 수시로 만나는 영혼은 거룩한 수도자들처럼 늘 하느님의 현존 속에 살아간다. 그리고 숨 쉬는 것까지도 기도와 연관을 지을 수 있다. 이런 상태는 '다운 생활'을 하는 이들의 삶이며, 이상적으로 말해 "이 세상에서도 지복직관至福直觀을 맛보면서 살아가는 삶"이라고 말하지 않을 수 없다.

Sit gloria and laus Domino Deo!

나오는 말

영성 신학은 이론적으로 설명하면 복잡하고 딱딱하지만 그것을 이야기로 쉽게 풀어 나가면 재미있습니다. 이 책은 그런 식으로 썼습니다. 독자들이 영성 생활에 관심을 가지고 경천애인敬天愛人의 삶을 살면서 성덕을 쌓아 성인聖人이 되기를 바랍니다.

신심 생활을 하는 이여,
그대는 참으로 아름다고 신선하며
기쁨으로 가득 찬 삶을 살고 있습니다!
그대는 신심 생활과 덕행으로
삶의 고통을 완화하고
위안을 증대시키고 있습니다.

— 프란치스코 살레시오 성인, 《신심 생활 입문》